INTIMATE MARRIAGE SERIES

남자와 여자

MALE AND FEMALE

친밀한 크리스찬 커플을 위한 7가지 성경공부 교재

댄 알렌더, 트렘퍼 롱맨 3세 지음
신겸사 옮김

Grace 은혜출판사

InterVarsity Press
P.O Box 1400, Downers Grove, IL 60515-1426
World Wide Web: www.ivpress.com
E-mail: mail@ivpress.com

InterVarsity Press® is the book-publishing division of InterVarsity Christian Fellowship/USA®, a student movement active on campus at hundreds of universities, colleges and schools of nursing in the United States of America, and a member movement of the International Fellowship of Evangelical Students. For information about local and regional activities, write Public Relations Dept., InterVarsity Christian Fellowship/USA, 6400 Schroeder Rd., P.O. Box 7895, Madison, WI 53707-7895, or visit the IVCF website at ⟨www.intervarsity.org⟩.

CONTENTS

여정을 시작하면서

남성과 여성

우리는 지금 중요하면서도 아주 민감한 주제 하나를 다루려고 한다. 바로 '성별(性別)' 에 관한 것이다. 명백한 상이점 외에, 남성과 여성의 또 다른 차이점은 무엇일까? 당신도 분명히 남녀 간의 차이점이 있음을 인정하는가? 그리고 만약 그러한 차이점이 존재한다면, 남편이 '여자' 로서의 아내를 아는 일이나 아내가 '남자' 로서의 남편을 아는 일은 아주 중대한 사항일 것이다.

그리스도인들은 종종 남녀 성별의 문제에 있어서 양극화 현상을 보인다. 따라서 이 교재를 공부해가는 중에 핵심이 되는 성경 말씀들을 살펴보는 일은 큰 유익이 될 것이다. "남자란 어떤 존재인가?" 그리고 또 "여자란 어떤 존재인가?", "좋은 남편과 좋은 아내의 조건은 과연 무엇인가?" 이 책의 탐구주제들은 당신에게 이러한 질문들에 대한 답을 모색해볼 수 있는 기회를 제공해줄 것이다.

성경적 결혼 모형

우리 모두는 행복한 결혼생활을 원한다. 부부가 좋은 관계에 있지 못한 사람들은 관계가 개선되기를 원하고, 좋은 관계를 맺고 있는 부부들은 더 친밀한 관계를 바란다.

우리는 우리의 배우자를 알기 원하며, 또 우리의 배우자들이 우리를 알기 원한다. 우리는 배우자에게 사랑받고 싶어 하며 또한 그들을 사랑하기 원한다. 한마디로, 우리는 하나님께서 애초에 의도하셨던 성경적인 결혼의 모본을 원하고 있다. 그것은 남편과 아내가 각각 부모를 떠나, 친밀한 연합의 삶을 이루고, 육체적으로도 한 몸이 되는 축복을 누리는 것이다.

이 책의 각 장(章)들은 단지 '원만한 결혼생활' 만을 위하여서 뿐 아니라 하나님께서 당신 부부를 위해 예비해두신 '관계의 풍성함' 을 만끽할 수 있기 위해서 무엇이 필요한지를 배울 수 있도록 하나님의 말씀인 성경의 지혜를 탐구해나갈 것이다. 하나님께서 만드신 성경적인 결혼의 모형은 다음과 같은 모습을 띠고 있다.

- 남편과 아내를 더욱 친밀하게 연합시킨다
- 결혼이란 한 인간의 다른 인간을 향한 최우선적인 사랑이라는 점을 서로 이해한다
- 배우자를 향한 사랑과 지식이 점점 더 증가되어져간다
- 영적 성장의 장이 된다
- 따뜻한 용서가 있기에 죄에 대한 스스럼없는 고백이 가능하다
- 서로를 향한 긍휼의 마음을 훈련하는 연단의 장이 된다
- 하나님의 자녀들을 향한 그분의 사랑을 드러낸다
- 하나님의 선물로서의 육체적 친밀함을 즐길 줄 안다
- 인생의 기쁨들과 아픔들을 함께 나눈다
- 죄인을 성인으로 변화시켜가는 역할을 감당한다
- 하나님의 형상을 닮은 존재로서의 서로의 영광을 이끌어낸다

물론 이밖에도 더 많은 특징들이 있을 것이다. 성경은 이에 관한 풍성한 통찰력을 제공하고 있다. 그리고 이 책의 탐구 주제들은 우리의 결혼생활에 그 풍성함을 가져다주는 역할을 하게 될 것이다.

교재 사용법

이 교재는 다양한 방식으로 사용될 수 있다. 각 개인이 자신의 경건생활을 위해서나, 부부가 함께 공부하기 위해서나, 또는 소그룹 모임들이나, 그 밖에 이상의 모든 복합적인

형태의 사용자들에 의해서도 활용이 가능하다. 교재의 각 장(章)들은 다음과 같은 부분들로 구성 되어져있다.

여는 말. 각 장(章) 서두의 몇몇 인용문들은 그 장의 주제들에 대해 사람들이 가지고 있는 생각들이 어떤 것인지를 짐작하게 해줄 것이다. 이 인용문들 다음에는 토론을 위해 사용될 수 있는 질문이 뒤따라 나온다.

본격 탐구. 이 부분에서는 한 개 이상의 핵심 성경 본문이 제시되어질 것이다. 또 여기에서 주어지는 질문들은 성경 본문의 주요 내용들을 전체적으로 숙지하게 하며, 당신의 결혼생활에 그 말씀들을 실제로 적용할 수 있도록 도움을 줄 것이다. 또한 이곳저곳에 배치되어있는 '부연 설명란' 들은 성경본문의 배경이나 질문 등과 관련하여 당신의 풍성한 이해를 돕게 될 것이다.

부부 코너. 이 부분은 당신의 결혼생활에 특별한 적용과 결심을 위한 기회가 제공되는 곳이다.

보너스. 여기에서는 당신 스스로 탐구할 수 있는 좀 더 심화된 내용들을 다루고 있다. 당신이 그룹에 속해 이 교재를 공부하고 있다면, 주중에 당신의 배우자와 함께 이 '보너스' 부분을 살펴본다면 더욱 유익할 것이다.

소망하기는 이 교재가 당신의 결혼생활을 더욱 행복하고 아름답게 가꾸어가는 일에 도움이 되기를 바라는 마음이다. 우리는 당신이 당신 자신에 대해서는 냉혹하게 정직하고, 당신의 배우자에게는 지혜롭게 정직할 것을 권면한다. 만일 당신이 당신 자신과 하나님의 말씀인 성경 앞에서 기꺼이 정직해질 수 있다면, 하나님은 분명히 당신의 결혼생활에 위대한 일을 행하실 것이다. 그렇게 될 수 있기를 기도한다.

1

남자와 여자

GENDER DIFFERENCES

"도무지 아내를 이해할 수가 없어요. 그런 말을 좀 했기로서니, 왜 우는지 도대체 알 수가 없어요."

"남편은 저와 대화하려고 하질 않아요. 언제나 자신의 세계 속에만 머물러 있으려고 해요."

"아내는 항상 밖으로 돌아다니며 사람들과 어울리는 것을 좋아해요. 반면에 저는 아내와 아이들과 함께 집에 있는 것을 좋아하고요."

"남자는 정말 '화성인' 이고, 여자는 '금성인' 이 맞나 봐요."

▶ 여는 말

여성들이여, 당신은 남자와 여자가 어떻게 다르다고 생각하는가? 또 남성들이여, 당신은 여자와 남자가 어떻게 다르다고 생각하는가? 남편과 아내들이여, 서로의 생각을 허심탄회하게 한번 나누어보라.

▶ 본격 탐구

우리는 남자와 여자가 다르다는 것을 알고 있다. 하지만 그것은 대부분 신체상의 구조에 관한 것이다. 그러나 정확하게 남자와 여자는 어떻게 다른 것인가? 그리고 우리는 부부로서 그 차이를 얼마나 잘 인식하고 있는가? 그런데 이러한 질문들에 답할 수 있기 위해서는 썩 '즐거워 보이지 않는' 성경 본문 하나를 먼저 살펴보아야만 할 것 같다. 그것은 선악을 알게 하는 나무의 실과를 따먹은 죄의 결과로 아담과 하와에게 내려진 하나님의 심판에 관한 말씀이다. 그 심판의 내용들을 통해서 우리는 남자와 여자의 차이점의 일면을 이해할 수 있기 때문이다.

성경 읽기 〈창 3:16-19, 표준새번역〉

16 여자에게는 이렇게 말씀하셨다. "내가 너에게 임신하는 고통을 크게 더할 것이니, 너는 고통을 겪으며 자식을 낳을 것이다. 네가 남편을 지배하려고 해도 남편이 너를 다스릴 것이다."
17 남자에게는 이렇게 말씀하셨다. "네가 아내의 말을 듣고서, 내가 너에게 먹지 말라고 한 그 나무의 열매를 먹었으니, 이제, 땅이 너 때문에 저주를 받을 것이다. 너는, 죽는 날까지 수고를 하여야만 땅에서 나는 것을 먹을 수 있을 것이다.
18 땅은 너에게 가시덤불과 엉겅퀴를 낼 것이다. 너는 들에서 자라는 푸성귀를 먹을 것이다.
19 너는 흙에서 나왔으니, 흙으로 돌아갈 것이다. 그 때까지 너는 얼굴에 땀을 흘려야, 낟알을 먹을 수 있을 것이다. 너는 흙이니, 흙으로 돌아갈 것이다."

1. 하와에게 내려진 징계의 내용을 주목해서 보라. 하나님의 징벌은 인생의 어떤 영역에서 하와에게 영향을 미쳤는가?

2. 위 징벌의 영향은 여자와 아내로서의 당신의 삶에 실제로 어떻게 나타났는가?

3. 아담에게 내려진 징계의 내용을 주목해서 보라. 그것은 인생의 어떤 영역에서 아담에게 영향을 미쳤는가?

4. 위 징벌의 영향은 남자와 남편으로서의 당신의 삶에 실제로 어떻게 나타났는가?

5. 일반적으로, 여성은 '관계 중심적' 이고, 남성은 '일 중심적' 이라고 할 때, 그러한 속성상 남성과 여성이 각각 보이게 되는 두드러진 특징들은 무엇인가?

6. 위 말은 그러면 남자는 '관계' 에는 관심이 없고, 여자는 '일' 에 관심이 없다는 뜻인가? 설명해보라.

성경은 남자와 여자의 역할을 이분법적으로 선을 그어놓고 있는가? 설명해보라.

7. 만약 당신 자신과 똑같은 사람과 결혼하게 된다면, 더 좋을 것 같은가 아니면 더 나쁠 것 같은가?

8. 어떻게 남자와 여자간의 차이점이 부부 사이를 더욱 돈독하게 하거나 혹은 상처 입게 할 수 있는가?

▶ 부부 코너

어떤 면에서 당신 부부는 서로 비슷하며 또 어떤 점에서 서로 다른가? 부부관계에 기쁨이 될 수 있는 차이점들에 대하여 이야기해보라. 또 다툼을 불러일으킬 수 있는 차이점들에 대해서도 서로 나눠보라. 당신은 당신의 아내나 남편의 다름을 얼마나 존중해주고 있으며, 결혼생활에 기쁨을 줄 수 있는 그 차이점들을 어떻게 키워나가고 있는가? 만약 당신이 당신을 가장 힘들게 하는 부부간의 다른 점을 축복으로 받아들이기 시작한다면, 어떤 일이 일어날 것 같은가?

▶ 보너스

메리 스튜어트 반 뤼벤(Mary Stewart Van Leeuwen)의 책 다름과 은혜(Gender and Grace: Love, Work and Parenting in a Changing World, IVP출판사)는 제2장에서 인간의 타락의 결과와 또 어떻게 죄가 남자와 여자 사이를 갈라놓게 되었는지에 대해 설명해놓고 있다. 가능하다면, 그 책의 2장을 함께 읽어보고, 서로의 의견들을 나눠보도록 하라.

본격 탐구 노트

Study 1. 남자와 여자 <창 3:16-19>

목적: 남편과 아내가 서로의 삶을 더 풍성하게 하고 상대의 부족한 면을 보완해줄 수 있는 서로 다른 특성들을 가지고 있다는 사실을 새롭게 인식하고자 함.

질문 1. 창세기 3:16-19은 모든 여성들을 대표하는 하와와 모든 남성들의 대표인 아담이 하나님의 뜻을 거역한 형벌로 받게 된 하나님의 심판 내용이다. 그런데 하와와 아담에게 내려진 징벌의 내용상의 차이는 남성과 여성의 차이를 또한 드러내 보여주기도 한다. 왜냐하면, 그 형벌들은 하와와 아담의 삶의 가장 중요한 영역들에 영향을 주고 있는 것들이기 때문이다.

여자인 하와가 자신의 인생 영역에서 가장 크게 영향을 받게 된 부분은 '관계' 면이었다. 출산에는 큰 고통이 따르게 되었고, 그녀가 남편과 맺게 될 관계는 '주도권 싸움' 으로 인해 일그러지게 될 참이었다. "너는 남편을 사모하고"(개역한글성경, 창 3:16) 할 때의 "사모하고(desire)"라는 단어는 '낭만적인 사모함(romantic desire)' 이 아니다. 그것은 '지배 욕구(desire to control)' 를 의미하고 있는 단어이다. 따라서 이 구절은 하와가 자신의 남편을 지배하려고 하지만, 오히려 남편에 의해 다스림을 받게 될 것이라는 의미이다.

죄의 비극적인 결과는 창세기 2:23-25에 묘사되었던 부부간의 깊은 하나됨의 관계를 깨트려버리고 말았다. 그 이후, 역사가 흘러오는 내내, 절대 다수의 문화권 속에서 여성들은 남성에 의해 통치를 받게 되었다. 그리고 여성들은 인간으로서의 다른 특성들을 발전시켜오는 대신에, 자신들의 또 다른 '신' (자식들)과 관계를 맺고 그들에게 자신들의 삶을 집중시키고자 하는 유혹에 노출되어 왔다.

질문 2. 여성 참가자들 각자가 이야기해보도록 격려하라.

질문 3. 남자인 아담에게 내려진 징벌은 '일' 의 영역에 영향을 미쳤다. 그는 식량을 생산해내기 위해 땀 흘리는 수고를 해야만 하게 되었다. 그는 세상살이에서 실패와 흉년을 경험하게 될 것이었다. 일이 잘되어 더 많은 일손들을 고용해야만 할 때조차도 죄의 저주는 그대로 있을 것이었다. 그가 만들어내는 모든 것들이 결국은 먼지로 돌아갈 것이고, 일을 통해 얻고자 하는 안정감과 자존감 역시 종국에는 깨어짐과 절망감으로 뒤바뀔 것이었다.

질문 4. 남성 참가자들 각자가 이야기해보도록 격려하라.

질문 5. 대체적으로, '관계' 를 중시하는 여성들에게서는 '부드러움' 이나 '동정심' 그리고 '지혜로움' 과 같은 특성들이 나타난다. 반면에, '일' 과 그것의 '성취' 를 중요시 하는 남성들은 몸과 정신의 '강인함' 을 소망하는 특성들을 보인다.

그리고 여성과 남성들은 서로 상대의 그러한 특질들을 부러워하는 경향이 있다. 물론 여성이나 남성 모두 자신의 성별과 일치된 특성들만을 개발하고 발전시켜나가게 될 때, 인격이나 삶의 불균형을 경험하게 될 것이다.

질문 6. 당연히, 남자는 '관계' 에 관심이 없다거나, '관계 중심적인' 남자는 남성답지 못하다는 그런 뜻이 아니다. 또 여성과 '일' 에 대한 관계도 마찬가지이다. 남성과 여성 간의 역할을 절대적으로 구분 짓는 경계선 같은 것은 존재하지 않는다. 물론 신체적인 고유한 특성상, 여성은 남성이 감당할 수 없는 역할을 담당하기도 한다. '아기를 낳는 일' 등이 그 대표적인 예일 것이다. 그러나 성경은 그 어디에서도 여성이 남성들처럼 '일' 하는 것을 금하고 있거나(잠언 31장 참조), 남성이 '관계 중심적' 이 되어서는 안 된다고 가르치는 경우도 없다.

질문 7. 당신 자신과 똑같은 그런 사람과 결혼하는 일은 좀 따분한 일이 될 것이다. 왜냐하면, 당신의 배우자가 당신의 모든 생각과 취미와 능력과 일 처리방식 등에 찬성하고 나선다면, 당신에게는 변화와 성숙을 위한 도전의 기회가 결코 없을 것이기 때문이다. 서로의 은사가 달라 상호보완적인 부부는 각자의 부족한 면들을 개발해나갈 수 있도록 서로에게 자극을 주고 가르침을 줄 수 있다. 그러나 또 물론 남편과 아내가 너무 완전히 다르면, 서로의 공통점을 찾기가 어려워지고 서로를 이해하는 일에 큰 지장을 초래할 수도 있다.

질문 8. "다양성은 인생의 양념이다." 부부간의 '차이' 는 부부들로 하여금 새로운 삶의 영역들을 탐험해가도록 이끄는 '격려제' 가 될 수 있다. 예를 들면, 아내는 남편으로 하여금 '인간관계 능력' 을 개발하는 일에 도움을 줄 수가 있다. 복잡하고 혼돈스런 세상에서 지혜롭게 살아가기 위해서는 다양한 여러 다른 능력들이 요구되어진다. 그리고 부부는 그러한 면에서 서로를 보강해주고 격려해줄 수 있는 강력한 동맹군이다.

2

누가 머리인가?

WHO'S IN CHARGE?

"남자는 가정의 가장이지요. 그리고 모든 책임은 가장이 지는 것이고요."

"여자는 가장이 되기에는 너무 감상적이에요. 가정의 중대사를 결정하는 일에는 역시 냉철하고 명석한 남자가 제격이지요."

"예수님도 여자가 아니라 남자이셨잖아요. 그분의 제자들도 전부 남자였고요."

▶ 여는 말

태생적으로 남자가 여자보다 우월한 존재라고 하는 것이 성경의 가르침이라고 말하는 사람은 거의 없다. 그러나 많은 사람들이 하나님께서 남자는 가정을 이끌어가도록 하셨고 여자는 남자를 따라가도록 하는 그런 사회적인 질서를 세워놓으셨다고 생각한다. 당신은 어떠한가?

▶ 본격 탐구

우리가 아래에서 곧 읽게 될 갈라디아서 3장과 4장의 말씀은 율법을 지킴으로써 하나님과의 관계의 기초석을 놓을 수 있다고 믿었던 율법주의자들의 생각을 반박하는 사도 바울의 주장이다. 우리와 하나님과의 관계를 확립시켜주는 것은 '율법' 이 아니라 예수 그리스도를 믿는 '믿음' 이다. 우리는 더 이상 '율법의 종' 이 아니다. '하나님의 자녀'

이다.

성경 읽기 〈갈 3:26-4:7, 표준새번역〉

3 26 여러분은 모두 그리스도 예수 안에서, 믿음으로 하나님의 자녀가 되었습니다.
27 누구든지 그리스도와 연합하여 세례를 받은 사람은, 그리스도로 옷을 입은 사람입니다.
28 유대 사람이나 그리스 사람이나, 종이나 자유인이나, 남자나 여자나 차별이 없습니다. 그것
은 여러분이 그리스도 예수 안에서 다 하나이기 때문입니다.
29 여러분이 그리스도에게 속하여 있으면, 여러분은 아브라함의 자손이요, 약속을 따라 유업
을 이을 사람들입니다.
4 1 내가 또 말합니다. 유업을 이을 사람은 모든 것의 주인이지만, 어릴 때에는 종과 다름이 없고,
2 아버지가 정해 놓은 그 때까지는 보호자나 관리인의 지배 아래 있습니다.
3 이와 같이, 우리도 어릴 때에는, 세상의 유치한 교훈 아래서 종노릇을 하였습니다.
4 그러나 기한이 찼을 때에, 하나님께서는 당신의 아들을 보내셔서, 여인에게서 나게 하시고,
또한 율법 아래 놓이게 하셨습니다.
5 그것은 율법 아래 있는 사람들을 속량하시고, 우리로 하여금 자녀의 자격을 얻게 하시려는
것이었습니다.
6 그리고 또 여러분은 자녀가 되었으므로, 하나님께서 그 아들의 영을 우리의 마음에 보내 주
시고 우리가 하나님을 "아바, 아버지"라고 부를 수 있게 하셨습니다.
7 그러므로 여러분 각자는 이제 종이 아니라 자녀입니다. 자녀이면, 하나님께서 세워 주신 상
속자입니다.

1. 바울 사도의 말에 의하면, 무엇이 그 당시의 보편화되어있던 사회 계급 구조를 와해시키는가?(3:27-28)

2. 왜 바울 사도는 "남자와 여자"라는 이분법을 "유대인과 이방인", "종과 자유인"이라는 구별법과 함께 사용하고 있는가?(3:28)

3. 오늘날 우리의 문화 속에 존재하는 계급 구조들에는 어떤 것들이 있는가?

4. '남녀평등' 이라는 개념은 남성과 여성이 모든 면에서 정확하게 똑같아야만 한다는 의미인가? 설명해보라.

5. 남편이 자신의 아내보다 우월하다고 생각하거나 아내를 주장하려고 할 경우, 어떤 일이 발생할 수 있는가?

엄격한 계층 구조

사도 바울이 살았던 1세기의 세상은 분명하고도 엄격한 계급 구조들이 존재하던 때였다. 이러한 계급 구조들은 "유대인과 이방인" 이라는 '인종적' 인 것이거나, "종과 자유인" 이라는 '사회적' 인 것이거나, "남자와 여자" 라는 '성별적' 인 것들이었다. 실제로, 토세프타(Tosefta) 라고 불리는 유대 고전 문서에는 사도 바울 시대에 나왔을 법한 기도문이 하나 실려 있다. 그것은 이런 내용의 것이다. "나를 이방인으로 태어나지 않게 하신 하나님께 감사드립니다. 나를 종으로 태어나지 않게 하신 하나님께 감사드립니다. 나를 여자로 태어나지 않게 하신 하나님께 감사드립니다."

이런 시대적 상황 속에서 사도 바울은 이렇게 외치고 있는 것이다. "그리스도 예수 안에서는, 이러한 모든 인간적인 계급 구조들조차도 더 이상 분열의 이유나 서로에 대한 존중심이나 사회적인 힘에 있어서의 차별의 근거가 될 수 없다."

6. 결혼관계에서 아내가 주도권을 쥐고 남편을 지배하려고 할 경우, 어떤 일이 발생할 수 있는가?

7. 남편과 아내 사이의 동등성은 오직 신앙직인 면에서만 적용되는 이야기인가? 나시 말해, 남녀평등이 영적인 면에서만 의미를 갖는 것인가 아니면 실제적인 삶 속에서도 그러한 것인가? 설명해보라.

8. '부부의 평등' 이란 어떤 모습인가?

▶ 부부 코너

당신의 배우자가 당신을 동등한 짝으로서 존중해주었던 특정한 경우들에 대해서 이야기해보라. 그리고 어떻게 그러한 관계를 계속 유지 성장시켜나갈 수 있는지에 대해서도 말해보라. 또 아래와 같은 상황에서, 당신의 배우자를 당신과 동등한 존재로 대우한다는 것은 어떤 의미인지에 관해서도 서로 의견을 나눠보라.

- 당신의 배우자가 틀렸다고 생각할 때
- 당신의 배우자가 약하고 어리다고 느껴질 때
- 어떤 일에 있어서 당신이 당신의 배우자보다 더 많이 알고 있다고 여겨질 때

▶ 보너스

바울 사도와 함께 동역하였던 아굴라와 브리스길라 부부에 관한 다음의 말씀들을 읽

어보라. 사도행전 18:1-3, 18-28, 로마서 16:3-5, 고린도전서 16:19, 디모데후서 4:19. 그들 두 사람의 부부관계나 사역 면에 있어서 '남녀평등' 의 증거들을 어디에서 발견할 수 있는가?

본격 탐구 노트

Study 2. 누가 머리인가? <갈 3:26-4:7>

목적: 부부관계의 관점에서 '남녀평등' 과 '남녀차별' 의 문제를 생각해보고자 함.

여는 말. 이와 같은 토론에는 두 가지 주장이 등장한다. 하나는 '상호보완주의(Complementarian)' 라고 불리는 견해이다. 이것은 남자와 여자가 사회 계급 구조 속에서 각각 구분된 고유의 역할들을 가지고 있다는 주장이다. 또 다른 하나는 '평등주의(Egalitarian)' 이다. 이것은 신앙 안에서의 남녀평등이 부부관계에까지도 확대적용이 된다는 견해이다.

질문 1. 모든 사회 계급 구조들은 세례 예식에 의해 공식적으로 표현되어지는 예수 그리스도와의 관계 속에서 해체되어지고 변화되어진다. 우리는 그분 안에서 그분처럼 다듬어져 간다. 그리고 그것은 어떤 사람이 '유대인' 이자 '자유인' 이며 '남자' 이든지 간에 혹은 '이방인' 이자 '노예' 이자 '여자' 이든지 간에, 예수 그리스도 안에서 하나님이 그 사람의 아버지가 되신다는 것을 의미한다. 따라서 그리스도 안에서는 그 어떤 종속관계도 존재할 수 없게 된다.

질문 2. "유대인과 이방인", "자유인과 종", "남자와 여자" 의 구별은 1세기의 팔레스타인 사회에서는 이미 굳어져버린 계급 구조들이었다. 사도 바울은 지금 구약 성경의 가르침으로부터 나온 계급 구조들에 관해서 말하고 있는 것이 아니다. 그는 그 시대의 문화에 뿌리를 두고 있는 차별에 대해서 언급하고 있는 것이다. 다시 말해서, 바울은 지금 사람을 "남자와 여자" 로 구분하는 이분법이 사람을 "유대인과 이방인", "자유인과 종" 으로 구별하는 이분법만큼이나 비성경적이고, 세상적인 문화에 그 근거를 두고 있는 가치관이라는 사실을 드러내 보여주고자 하는 것이다. 그 당시, '자유인인 유대인 남자' 들은 사회 계층이라는 사다리의 맨 꼭대기에 있던 자들이었고, 반면에 '이방인 여자 노예' 들은 가장 밑바닥에 있던 사람들이었다.

질문 3. 지금 이 토론이 벌어지고 있는 사회나 문화권에 따라서 여러 다양한 대답들이 나올 수 있을 것이다. 그러나 보편적인 계급 구조들로는 '부자와 가난한 자' , '배운 자와 못 배운 자' , '상류층과 하류층' , '다수 민족과 소수 민족' , '성직자와 평신도' 그리고 '남자와 여자' 등을 들 수 있을 것이다.

질문 4. 우리는 앞서 제1장에서 남녀 성별의 차이를 옹호할만한 충분한 이유들이 있음을 살펴보았다. 그러나 성별의 차이가 곧 계급 구조를 정당화해주는 것은 아니다. 남성이 여성과 다른 점이 곧 남성을 여성보다 더 월등한 존재로 만들어 주는 것은 아니라는 뜻이다. 그 반대의 경우도 마찬가지이고 말이다.

질문 5-6. 부부가 서로를 지배하려고 하거나 통제하려는 행위는 배우자의 솔직한 감정들을 억압하거나 또는 반대로 폭발하도록 만드는 결과를 초래할 수 있다. 남성이나 여성 모두 자신이 가지고 있는 힘을 건강하지 못한 방식으로 행사할 수가 있다. 흔히 대부분의 문화권 속에서, 그러한 '특권' 을 누리고 있는 것은 여성보다는 남성들인 경우가 많지만 말이다.

질문 7. 하나님의 동등한 피조물인 두 사람 간의 결혼이 이상적인 관계가 되는 경우는 그 두 사람 간의 '상호 복종' 이 이루어질 때이다. 이 점에 대해서는 다음 장에서 좀 더 깊이 살펴보도록 하겠다.

질문 8. 창세기 1장과 2장으로 되돌아가게 되면, 어떻게 남자와 여자가 평등한 존재로서 동등하게 여김을 받고 있는지를 볼 수가 있다. 남자와 여자 모두는 하나님의 형상대로 창조되어졌다. 여자가 남자의 '돕는 배필(helper)' 이라는 말은 그 둘 간의 '계급 구조' 를 암시하고 있는 것이 아니다. 왜냐하면, 하나님 그분조차도 성경 다른 곳에서 흔히 이스라엘을 '돕는 자(helper)' 로서 묘사되시고 있기 때문이다.

하와가 아담의 '머리뼈' 나 '발가락뼈' 가 아닌 '갈비뼈' 로부터 지음을 받았다는 사실은 남자와 여자 간의 '상호의존성' 과 '동등성' 을 의미하고 있는 것이다. 따라서 남성과 여성 간의 그리고 남편과 아내 간의 '평등함' 은 창조와 구속의 차원에 그 근거를 두고 있는 것이다.

3

불쾌한 두 글자 단어: "복종"

THE TEN – LETTER DIATY WORD :

S–U–B–M–I–S–S–I–O–N

"죽음이 갈라놓을 때까지…… 복종하고 순종할 것을 맹세합니까?"

"어떻게 복종할 만큼 다른 사람을 신뢰할 수 있어요? 차라리 내 인생 내가 책임지고 말죠."

"남편은 그저 저를 흔하디흔한 종처럼 부리려고 해요. '아내들이여, 남편에게 복종하라' 하는 성경 말씀까지 내세우면서 말이에요. 저도 말씀에 순종하고는 싶지만, 이건 너무 심한 것 같아요."

"저도 아내가 남편에게 복종해야 한다는 성경 말씀을 알고 있어요. 그러나 우리 모두 서로가 서로에게 복종해야 한다는 말씀도 있지 않나요? 어떻게 이 두 말씀을 이해해야 하지요?"

▶ 여는 말

"복종하라!"는 성경의 명령보다 현대 여성들과 현대 남성들의 심기를 불편하게 하는 요구도 없을 것 같다. '복종'에 대한 반발 심리는 자신의 인생은 자신이 통제한다는 시대적 풍조들에 의해서도 힘을 얻고 있다. 흔히 사람들은 말한다. "아무도 나에게 이래라 저래라 명령할 수 없어요. 내 인생의 주인은 나에요." 당신의 생각은 어떠한가?

▶ 본격 탐구

우리는 성경의 가르침을 올바르게 이해하고 있는지 주의 깊게 살펴볼 필요가 있다. 성경이 부부관계에서 말씀하고 있는 '복종' 이란 정말로 무엇인가?

성경 읽기 1. 〈엡 5:21-33〉

21 그리스도를 경외함으로 피차 복종하라

22 아내들이여 자기 남편에게 복종하기를 주께 하듯 하라

23 이는 남편이 아내의 머리됨이 그리스도께서 교회의 머리됨과 같음이니 그가 바로 몸의 구
주시니라

24 그러므로 교회가 그리스도에게 하듯 아내들도 범사에 자기 남편에게 복종할지니라

25 남편들아 아내 사랑하기를 그리스도께서 교회를 사랑하시고 그 교회를 위하여 자신을 주심
같이 하라

26 이는 곧 물로 씻어 말씀으로 깨끗하게 하사 거룩하게 하시고

27 자기 앞에 영광스러운 교회로 세우사 티나 주름 잡힌 것이나 이런 것들이 없이 거룩하고 흠
이 없게 하려 하심이라

28 이와 같이 남편들도 자기 아내 사랑하기를 자기 자신과 같이 할지니 자기 아내를 사랑하는
자는 자기를 사랑하는 것이라

29 누구든지 언제나 자기 육체를 미워하지 않고 오직 양육하여 보호하기를 그리스도께서 교회
에게 함과 같이 하나니

30 우리는 그 몸의 지체임이라

31 그러므로 사람이 부모를 떠나 그의 아내와 합하여 그 둘이 한 육체가 될지니

32 이 비밀이 크도다 나는 그리스도와 교회에 대하여 말하노라

33 그러나 너희도 각각 자기의 아내 사랑하기를 자신 같이 하고 아내도 자기 남편을 존경하라

성경 읽기 2. 〈빌 2:3-4〉

3 아무 일에든지 다툼이나 허영으로 하지 말고 오직 겸손한 마음으로 각각 자기보다 남을 낫
게 여기고

4 각각 자기 일을 돌볼뿐더러 또한 각각 다른 사람들의 일을 돌보아 나의 기쁨을 충만하게
하라

"새로 찾은 자유?"

우리는 사도 바울 시대의 유대 문화나 헬라 문화권 내의 여성들이 거의 인간적인 기본 권리들조차 가지고 있지 못했음을 잘 알고 있다. 그런 시대적 배경 속에서, '복음' 은 여성들에게 있어서 곧 '해방' 과도 같은 것이었다. 그러다보니 자칫 잘못하면, 여성들이 가정이나 남편으로부터의 '해방' 까지를 옳게 여길 오해의 소지가 있었다. 따라서 여성들에게 자신들의 남편에게 복종할 것을 명령하고 있는 에베소서 5장이나 다른 신약 성경의 본문들을 공부하게 될 때면, 먼저 이러한 상황을 기억하는 일이 중요하다.

1. 에베소서 5:21은 모든 그리스도인들에게 피차에 복종할 것을 권고하고 있다. 그런데 바로 그 다음 절인 22절에서는 또 특별히 아내들에게 남편에게 복종할 것을 요구하고 있다. 이 두 말씀이 서로 모순되는 것인가? 설명해보라.

2. 사도 바울은 남편들이 자신의 아내를 어떻게 대하도록 되어있다고 말하는가?

3. 당신의 아버지나 할아버지, 혹은 백부나 숙부들 중 사도 바울의 권고처럼 자신의 아내를 특별히 사랑했던 집안 어른이 계신가? 그분의 일화를 소개해보도록 하라.

4. 남편들을 향한 사도 바울의 가르침을 기초로 하여 보았을 때(25절), 남편이 아내의 머

리가 된다는 말씀의 의미가 무엇인가?

5. 부부가 서로 상대 배우자 위에 군림하려고 할 때, 어떤 일이 발생하게 되는가?

6. 또 부부가 서로를 사랑하고 이끌어줄 모든 책임과 의무를 포기할 때, 어떤 일이 발생하게 되는가?

7. 인간관계 속에서 '복종한다'는 것은 어떤 의미인가? '복종'이란 언제나 상대방이 말하는 대로만 행동하며, 절대로 그 어떤 요구도 하지 않는 것을 뜻하는 것인가?

8. 빌립보서 2:3-4에 기초한 부부관계의 모습은 어떤 것인가?

▶ 부부 코너

베드로전서 3:1-6을 함께 묵상해보라.

"아내 된 자들아 이와 같이 자기 남편에게 순복하라 이는 혹 도를 순종치 않는 자라도 말로 말미암지 않고 그 아내의 행위로 말미암아 구원을 얻게 하려 함이니, 사라가 아브라함을 주라

칭하여 복종한 것같이 너희가 선을 행하고 아무 두려운 일에도 놀라지 아니함으로 그의 딸이 되었느니라." (벧전 3:1, 6, 개역한글)

아브라함의 아내 사라가 남편 아브라함과 맺고 있었던 관계는 '복종' 에 대하여 우리에게 무엇을 가르쳐주고 있는가?

▶ 보너스

빌립보서 2:3-4 바로 뒤에는 그리스도인들이 서로를 대하여 가져야 할 마음의 태도에 대한 최고의 모본으로 예수님의 자세가 소개되고 있다(빌 2:5-8).

"너희 안에 이 마음을 품으라 곧 그리스도 예수의 마음이니 그는 근본 하나님의 본체시나 하나님과 동등됨을 취할 것으로 여기지 아니하시고 오히려 자기를 비워 종의 형체를 가지사 사람들과 같이 되셨고 사람의 모양으로 나타나사 자기를 낮추시고 죽기까지 복종하셨으니 곧 십자가에 죽으심이라." (빌 2:5-8)

부부가 함께 이 위대한 본문을 묵상하고, 자신에게 스스로 물어보도록 하라. 위 말씀대로 당신이 당신의 배우자를 향해 그리스도 예수의 마음을 품고 행동하게 될 때, 부부관계에 어떤 혁명적인 변화가 일어나게 될 것인지를 말이다.

본격 탐구 노트

Study 3. 불쾌한 두 글자 단어: "복종" <엡 5:21-33> <빌 2:3-4>

목적: 그리스도인 부부관계 속에서 '복종' 이 갖는 의미에 대해 생각해보고자 함.

질문 1. 우선 알아야 할 사항이 하나 있다. 현대의 많은 성경 번역본들이 에베소서 5장 21절과 22절을 분리시켜버리는 우를 범하고 있다는 것이다. 심지어는 그 두 절 사이에 문단 제목을 끼워 넣음으로써 그 분리를 확실시하기까지 한다.

이렇다 보니 성경을 읽는 많은 사람들이 한 중요한 사실을 놓치게 되는 일이 발생한다. 그것은 지금 아내들을 향하여 남편들에게 복종하라고 명령하고 있는 사도 바울의 요청이 모든 그리스도인들이 서로 간에 상호 복종해야만 한다는 전체적인 문맥 안에서 이루어지고 있다는 사실을 간과하게 되는 것이다.

'부연 설명란' 에서도 잠깐 언급하였지만, 사도 바울에게는 여성들의 '새로 찾은 자유' 의 오용을 막고, 그들 주변의 불신자들에게 걸림돌이 되지 않도록 하기 위해서라도, 여성도들에게 복음을 통해 얻게 된 자신들의 자유를 신중하게 표현할 것을 촉구하는 일이 필요했을 것이다.

어찌 되었든, 여성들에게만 특별히 복종을 요구하고 있는 듯한 위 에베소서의 말씀은 오직 여성들만이 복종할 의무가 있음을 의미하고 있는 것은 아니라는 뜻이다. 결국 25절에서 30절까지는 또 특별히 남편들에게 아내 사랑할 것을 명령하고 있는데, 우리는 이 요청이 오직 남편들에게만 주어진 의무라고는 생각하지 않는다. 남편들에게 아내를 사랑하라고 하는 명령이 아내들로부터 자신들의 남편을 사랑해야 할 의무를 덜어주는 것은 아니기 때문이다.

질문 2. 남편은 자신의 아내를 문자 그대로 자신의 몸의 일부(갈비뼈)처럼 사랑하도록 되어있다. 남편은 아내에게 따뜻한 보살핌을 제공하고, 아내의 영육간의 평안을 도모해야 할 의무가 있다.

질문 3. 성경공부 지도자는 남성 반원들이 대답을 하는 중에 자신들 집안의 여성들을 비하하는 식의 말을 하는 경우가 없도록 주의를 기울여야 한다. 예를 들면, 이런 식의 우회적인 비판이나 농담이 나오지 않도록 말이다. "저희 할머니는 쉴 새 없이 바가지를 긁어대는 분이셨지요. 반면에 할아버지는 그런 할머니를 사랑하실 만큼 성자이셨고요."

질문 4. 진정한 '머리' 는 다른 사람들 위에 군림하려고 하지 않는다. '머리됨' 의 최고의 예는 바로 예수 그리스도이시다. 그분의 머리되심은 그분으로 하여금 당신 자신의 생명을 교회를 위해 내어놓으시도록 이끌었다. 남편이 아내의 머리가 된다는 것은 고용주가 피고용인의 머리가 되는 방식과는 다르다. 그것은 그리스도께서 교회를 위해 그리하셨듯이, 자신의 아내를 위하여 생명까지 내어놓을 준비가 되어있음을 의미하는 것이다.

어떤 신약성경 학자들은 에베소서 5장에 '머리(head)' 라고 번역된 원 헬라어 단어는 '권위(authority)' 를 뜻하는 것이라기보다는 '근원(source)' 를 의미하는 단어라고 주장을 하기도 한다. 그리고 이러한 주장은 남편은 아내를 자신의 몸처럼 돌봐야한다는 사도 바울의 생각과도 일치한다. 창세기 2장을 기억하고 있을 것이다. 하와는 바로 아담의 몸으로부터 지음을 받았다. 따라서 아담은 하와의 '근원' 이자 '출처' 였다.

질문 5. 특히 부부의 관계에 있어서 '독재정치' 는 분노심과 반발심을 자아낸다. 아내 위에 군림하려고 하는 남편이나 남편을 좌지우지하려는 아내는 결국 자신과 동일하게 하나님의 형상을 따라 지음 받은 동등한 존재를 짓밟으려고 하는 것이다. 강요되어진 순종은 단지 기계적인 굴종일 뿐, 사랑으로부터 우러나오는 자발적인 복종이 될 수는 없다. 부부관계는 본래 상대 배우자에게 발언권을 거의 주지 않거나 전혀 주지 않는 그런 관계로 결코 설계되어지지 않았다.

질문 6. 또 반대로, 남편이나 아내가 서로를 이끌어주는 일에 어떠한 관심도 보이지 않는다면, 아내와 남편은 각각 욕구불만에 빠지게 되거나 사랑받고 있지 못하다고 느낄 것이다. 그리고 물론 여기에서 부부가 서로를 '이끌어준다' 는 것은 '하나님께로의 이끎' 을 의미하는 것이다.

질문 7. 누군가에게 '복종' 한다는 것은 자신의 개인적인 의지를 그 사람에게 굴복시키는 것을 의미한다. 하지만 '복종' 이라는 것이 언제나 상대방이 말하는 대로만 움직이는 것을 뜻하지는 않는다. 사실 그것은 상대방으로부터 무언가를 요구하는 것이기도 하다. '복종' 의 핵심은 상대방의 유익과 경건의 증진을 위하여 나 자신의 이익을 포기하는 것이다.

질문 8. 위 빌립보서 2장에 묘사된 관계의 모습은 '이타적' 이고 '상대 중심적' 이라는 특징을 띠고 있다. 남편과 아내 쌍방이 서로를 향해 이러한 자세를 취하게 될 때, 그 결과는 하나님과의 더 깊은 관계로의 진전이고, 영광의 진보이다. 그리고 하나님과의 관계가 돈독해질수록 부부의 관계 또한 그만큼 견고해질 것이다.

부부코너 질문. 베드로전서에서 사라는 '복종의 본보기' 로 등장한다. 그런데 이런 사실은 꽤 흥미로우면서도 시사하는 바가 크다. 왜냐하면, 창세기 11:27에서 23:20까지의 그녀의 인생사를 읽어볼 때, 사라가 결코 '고분고분' 하거나 '호락호락한' 아내가 아니었기 때문이다(창 16:2, 5-6, 21:10을 참조하라). 그럼에도 불구하고, 지금 사도 베드로는 때때로 남편 아브라함에게 대들기까지 했던 이 여인을 '복종의 전형' 으로 소개하고 있다는 사실이다. 다시 말해서, '복종' 이란 단지 시키는 대로 일언반구도 없이 굴종하는 것이 아니라, 그 이상의 의미를 담고 있는 행위이라는 의미이다(질문 7의 답변 참조).

보너스 질문. 예수님의 삶은 아버지 하나님께로의 복종으로 일관된 삶이었다. 그리고 그것은 결과적으로는 곧 '교회를 향한 복종' 이기도 하셨다. 그분은 당신 자신을 위한 길을 추구하지 않으셨다. 그분은 오직 교회의 유익을 위하여 살고 죽으셨다.

4

경건한 아내

THE GODLY WIFE

"저는 일도 하고 가정도 돌봐야 해요. 가끔은 이 두 사이에 끼여 어떻게 해야 할지를 모르겠어요."

"남편은 저보고 10킬로를 더 빼래요. 그것이 남자인 남편에 대한 아내이자 여자로서의 의무래요. 저는 세 아이를 키우면서 부업도 하고 있어요. 저도 살을 좀 빼고 싶어요. 하지만 그런 것이 남편에게 그렇게 중요하다는 사실이 저에게는 상처가 돼요."

"여자가 있어야 할 곳은 집이 아닌가요?"

▶ 여는 말

도대체 여성보고 어떻게 하라는 말인가? 여성들에게 이토록 큰 짐들이 지워졌던 때도 없었을 것이다. 전업주부 여성들은 일하는 친구들에 의해 은근히 무시를 당한다. 또 반대로 직장 여성들은 가정에 충실하지 못한 것 때문에 스스로 죄책감을 느끼기도 한다. 이것 뿐 아니다. 남편들은 그녀들에게서 일급 요리와 신혼의 달콤함까지를 기대한다. 당신은 이 모든 요구들이 성경적이라고 생각하는가? 왜 인가 혹은 왜 아닌가?

▶ 본격 탐구

성경은 여성이 할 수 있고 될 수 있는 가장 중요한 것이 무엇이라고 말씀하고 있는가? 아래의 말씀은 유능하고 덕스러운 여인에 관한 히브리식 '결정판' 이다. 이 잠언서의 말씀은 히브리어 원문으로 보면 일종의 '두자체시(頭字體詩, acrostic)' 형식을 띠고 있다. 이것은 영어식으로 말해서, 매 절의 첫 글자가 알파벳 A로부터 시작하여 B, C, D…… 로 이어져 마지막 Z로 끝나는 모습이다. 히브리어 알파벳 22개가 매 절마다 순서대로 사용이 되고 있다. '현숙한 여인' 에 대한 정의를 완벽하고 완전하게 총망라하여 내려놓고자 하는 의도이다.

성경 읽기 〈잠 31:10-31〉

10 누가 현숙한 여인을 찾아 얻겠느냐 그의 값은 진주보다 더 하니라
11 그런 자의 남편의 마음은 그를 믿나니 산업이 핍절하지 아니하겠으며
12 그런 자는 살아 있는 동안에 그의 남편에게 선을 행하고 악을 행하지 아니하느니라
13 그는 양털과 삼을 구하여 부지런히 손으로 일하며
14 상인의 배와 같아서 먼 데서 양식을 가져 오며
15 밤이 새기 전에 일어나서 자기 집안 사람들에게 음식을 나누어 주며 여종들에게 일을 정하여 맡기며
16 밭을 살펴보고 사며 자기의 손으로 번 것을 가지고 포도원을 일구며
17 힘 있게 허리를 묶으며 자기의 팔을 강하게 하며
18 자기의 장사가 잘 되는 줄을 깨닫고 밤에 등불을 끄지 아니하며
19 손으로 솜뭉치를 들고 손가락으로 가락을 잡으며
20 그는 곤고한 자에게 손을 펴며 궁핍한 자를 위하여 손을 내밀며
21 자기 집 사람들은 다 홍색 옷을 입었으므로 눈이 와도 그는 자기 집 사람들을 위하여 염려하지 아니하며
22 그는 자기를 위하여 아름다운 이불을 지으며 세마포와 자색 옷을 입으며
23 그의 남편은 그 땅의 장로들과 함께 성문에 앉으며 사람들의 인정을 받으며
24 그는 베로 옷을 지어 팔며 띠를 만들어 상인들에게 맡기며
25 능력과 존귀로 옷을 삼고 후일을 웃으며
26 입을 열어 지혜를 베풀며 그의 혀로 인애의 법을 말하며
27 자기의 집안일을 보살피고 게을리 얻은 양식을 먹지 아니하나니
28 그의 자식들은 일어나 감사하며 그의 남편은 칭찬하기를
29 덕행 있는 여자가 많으나 그대는 모든 여자보다 뛰어나다 하느니라

30 고운 것도 거짓되고 아름다운 것도 헛되나 오직 여호와를 경외하는 여자는 칭찬을 받을 것
이라
31 그 손의 열매가 그에게로 돌아갈 것이요 그 행한 일로 말미암아 성문에서 칭찬을 받으리라

"그런 여인의 남편은 산업(plunder, spoil, 노획물)이 핍절치 아니하겠으며"

많은 성경 번역본들이 잠언 31:11 후반부의 말씀을 여러 다른 모양으로 번역하고 있는데, 그 중 대부분이 그 말씀이 본래 가지고 있는 '군사적인' 어감을 희석시켜놓고 있다. 그러나 히브리어 원문을 보게 되면, 그 말씀은 아내 된 여인이 남편에게 '노획물(plunder, spoil)' 을 공급해 주는 수고로 인해 남편이 유익을 얻게 될 것이라는 뜻이다. 그리고 '노획물' 이란 '전쟁' 을 통해 얻게 된 '전리품' 이다. 따라서 아내가 제공해주는 '전리품' 덕에 남편이 부족함이 없게 된다는 이 말씀은 이해하기가 그리 쉽지 않다.

그런데 '군사적인 용어' 가 비단 이 말씀에서만 사용되고 있는 것은 아니다. 성경 다른 곳에서도, 용사들의 용맹함을 표현하는 데 있어서 '현숙한 아내(capable and virtuous wife, 유능하고 덕스러운 아내)' 라는 히브리어 어구에서 사용되고 있는 단어를 동일하게 사용하고 있기도 하다. 그렇다면, 왜 성경은 여인을 묘사하는 데 있어서 어울릴 것 같지 않은 '군사 용어' 를 쓰고 있는 것일까? 그것은 성경이 '인생' 을 하나의 '전쟁' 으로 보고 있기 때문이다. 인간의 타락 이후, 이 세상은 '악' 과 '대혼돈' 의 거처가 되어버렸다. 따라서 '선' 과 '질서' 를 향해 진일보하기 위해서는 온 힘을 다하여 싸워야만 한다. 그리고 그런 상황 속에서, 남녀 간의 '결혼' 은 어렵고 힘들며 적대적이기까지 한 이 세상에 함께 맞설 수 있는 강력한 '동맹관계' 로 이해될 수 있다는 것이다. 물론 부부가 그렇게 '동맹군' 이 되어 세상과 싸울 수 있는 것은 하나님의 능력과 하나님의 임재 가운데서 가능한 일이지만 말이다(엡 6:10-18).

1. 위 잠언의 말씀을 읽고 난 후, 당신이 느낀 '현숙한 여인'에 대한 첫인상은 어떤 것인가? 만약 지금 부부들이 함께 공부하는 그룹 모임의 경우라면, 먼저 남편들이 이 질문에 대답을 한 후에, 아내들이 답을 할 수 있도록 해보라.

2. 위 '현숙한 여인'의 특성들 중 당신을 놀라게 하는 예상치 못한 면이 있는가?

   또 당신이 생각하기에 더 추가되어야 할 것 같은 특성들이 있는가? 그 이유를 설명해보라.

3. 여성들만 대답해보도록 하라. 당신은 잠언서의 '유능하고 덕스러운' 현숙한 여인의 묘사가 부담스럽게 느껴지는가 아니면 참신하게 느껴지는가? 또 그 이유는 무엇인가?

4. 당신은 이 '현숙한 여인'에 관한 묘사가 모든 경건한 여성들에게 동일하게 요구되어지는 사항들이라고 생각하는가? 아니면 여성들을 위한 일종의 '선택 목록'과도 같은 것이라고 생각하는가? 설명해보라.

5. 위 잠언서의 말씀에 의하면, 현숙하고 경건한 아내의 가장 중요한 단 하나의 특성은 무엇인가? 설명해보라.

6. 그렇다면, 외적인 아름다움이나 매력 등은 무시되어져도 좋다는 것인가? 왜 그런가 혹은 왜 아닌가?

'지혜' 라는 여인과 '현숙한 여인'

잠언서 31장은 현숙한 여인에 대한 묘사로써 잠언서 성경 전체를 매듭짓고 있다. 잠언서는 마지막 장에 이르기까지 여러 종류의 여인들에 관하여 장황한 가르침을 기술해놓고 있다. 그리고 그 가르침들의 원 경청자는 잠언 기자의 결혼 적령기에 있는 젊은 아들이다. 잠언서 31장은 5장에 나오는 '음란한 여인' 과 정반대되는 '현숙한 여인' 에 관해 최절정의 묘사를 해주고 있다.

잠언서는 책 전체를 통해 인간 여인들에 대한 기술을 여러 차례 하고 있는 것 이외에도, '지혜' 라는 여인의 말이나 그녀에 관한 많은 묘사들 또한 담고 있다(잠 1:20-33, 8:1-9:6, 원문 성경에는 '지혜' 가 '여성' 으로 표현되어 있음). 물론 '지혜' 라는 여인은 '하나님의 지혜' 를 시적으로 의인화 시킨 인물이다. 그런데 흥미로운 사실은 31장에 나오는 '현숙한 여인' 과 1장과 8장 등에 나오는 '지혜' 라는 여인의 모습이 많은 부분 서로 닮아있다는 것이다. 그리고 이것은 다시 말해, 경건하고 현숙한 여인은 바로 하나님 그분 자신의 속성을 반영하고 있다는 의미이기도 하다.

7. 남성들만 대답해보도록 하라. 당신의 '이상적인 아내상' 은 어떤 모습인가?

특별히 당신에게 있어서 아내가 갖추어야 할 가장 중요한 점은 무엇인가?

8. 결론적으로, 누가 이처럼 유능하고 덕스러운 '현숙한 아내' 를 찾아 얻을 수 있겠는가?

▶ 부부 코너

아내들은 여자와 아내로서의 당신의 잠재 가능성을 발휘하지 못하도록 막는 방해요소들이 무엇인지 남편과 이야기해보라. 남편들은 당신의 아내가 다음의 영역들에서 자신의 잠재능력을 드러낼 수 있도록 당신이 돕는 일을 저해하고 있는 요소들에 대하여 이야기해보라.

- 친절함
- 용기
- 지적(知的) 활동
- 건강
- 휴식
- 우정
- 직업
- 모험

▶ 보너스

누가복음 11:27-28을 읽고 토의해보라.

"이 말씀을 하실 때에 무리 중에서 한 여자가 음성을 높여 이르되 당신을 밴 태와 당신을 먹인 젖이 복이 있나이다 하니 예수께서 이르시되 오히려 하나님의 말씀을 듣고 지키는 자가 복이 있느니라 하시니라." (눅 11:27-28)

위 말씀의 '한 여자'는 여성의 정체성에 대하여 무엇이라 말하고 있는가?

예수님께서는 그런 그녀의 생각을 어떻게 재조정해주고 계신가?

자녀를 두고 있거나 혹은 자녀를 갖기 원하는 여성으로서, 당신은 어떤 식으로 이 여인과 같이 생각하도록 유혹을 받아왔는가?

어떻게 당신 교회의 여성사역들이 여성들로 하여금 하나님 경외함에 기초를 둔 건강한 자아 정체성을 회복하도록 하는 일에 실제적인 도움을 줄 수 있는가?

본격 탐구 노트

Study 4. 경건한 아내 <잠 31:10-31>

목적: 현숙한 아내의 특성들을 살펴보고자 함.

질문 1. 특히 여성들은 이 잠언서 여인의 엄청난 과업들에 기가 질릴지도 모르겠다. 그녀는 분명히 '힘과 열정이 넘치는 근면 성실한' 여성이다. 하지만 이 장 마지막 부분에서도 다시 언급하겠지만, 이 성경 본문은 모든 여성들이 완수해야만 하는 '아내로서의 임무 목록' 은 아니라는 사실이다.

질문 2. 어떤 여성들은 이 여인이 자신의 가족들만을 돌보는 일을 뛰어넘어 장사일이나 농사일에도 탁월한 능력을 발휘하고 있다는 사실에 놀랄 수도 있을 것이다. 또 어떤 이들은 이 현숙한 여인이 상류층 출신의 신분이며, 따라서 그녀처럼 그렇게 부유하지 못한 여성들은 그녀가 한 일을 하기가 어렵지 않겠는가 라는 생각을 할 수도 있을 것이다. 또 다른 여성들은 이 여인의 성적인 매력에 대한 내용이 언급되지 않고 있다는 사실에 놀랄 수도 있을 것 같다.

질문 3. 아마도 적지 않은 여성들이 이 현숙한 여인에 관한 묘사를 부담스럽게 느낄 것이다. 하지만 그것은 이 여인의 '업적 목록' 을 자신들도 이루어내야만 할 일들로 오해하여 받아들이기 때문이다. 모든 여성들이 다 이 여인처럼 힘이 넘치고 강할 수는 없다.그러나 또 반면에, 이 여인에 대한 묘사가 참신하고 속시원한 것으로 느껴지는 여성들도 있을 것이다. 특히나 이 세상 가운데서 여성의 능력과 역할은 한정되어있는 것이라고 생각하는 일반적인 사회적 통념에 반대하는 여성들에게는 그럴 것이다.

질문 4. 물론 이 '현숙한 여인' 이 했던 모든 일들을 다른 여성들도 똑같이 해야만 한다고 요구할 수는 없다. 하지만 그럼에도 불구하고, 오늘날을 살고 있는 우리 부부들이 이 말씀을 통해 배울 수 있는 교훈들이 많다. 그 중 두어 가지만 살펴보면 이렇다.

첫째로, 위 잠언서의 말씀은 자기 자신의 힘들을 남편의 것과 결속시켜, 우리 인생 가운데 역사하는 어둠의 세력을 대적해나가고 있는 아내상을 제시해주고 있다. 이 현숙한 아내는 자신의 남편과 함께 협력하여 나간다. 그녀는 결코 남편과 맞서지 않는다. 또한 그 남편 역시 지혜로운 사람으로 묘사되어지고 있다. 그는 그 땅의 성문에 앉는 인물이다. 이것은 그가 자신의 공동체에서 중요한 위치를 점하고 있으며, 권세와 책임을 맡고 있을 뿐만 아니라, 근면성실하게 일하는 사람이라는 사실을 암시해준다.

둘째로, 위 말씀은 집에서 살림하며, 아이들을 키우며, 남편을 뒷바라지 하는 식의 전형적인 '청교도적 아내상' 에 대한 고정관념을 파기해버린다. 물론 이 여인의 첫 번째 책임은 그녀의 가족이다. 그래서 그녀의 남편과 자녀들도 그런 그녀를 칭찬한다. 그러나 그녀는 가족을 돌보는 일을 하면서도 동시에 성문에서도 즉, 대외적으로도 수완을 발휘하고 있다. 또 그녀는 자신의 가족들의 물질적인 필요에만 관심이 있는 것이 아니라, 그들의 정신적이고 영적인 필요까지를 염두에 두고 있다. 또한 이외에도, 그녀는 사회적인 문제들에도 주의를 기울이고 있다. 그녀는 자기 자신과 자신의 가족들뿐만 아니라, 공동체 내의 가난하고 소외된 이웃들을 위해서도 마음과 물질을 쓴다(20절). 정말 본보기로 삼을만한 여인상이 아닐 수 없다.

질문 5. 위 두자체시(頭字體詩)는 경건한 아내의 가장 중요한 특성이 무엇인지에 대해 의심의 여지를 남겨놓지 않는다. 이 점에 관해서는 잠언서 전체도 마찬가지이다. 잠언서 내내, 성경 기자는 "하나님을 경외하는 것이 지혜와 지식의 시작" 임을 우리에게 상기시켜준다(잠 1:7, 9:10, 15:33, 19:23, 22:4, 31:30). 위 현숙한 여인은 바로 이 진리의 '요약판' 인 것이다.

질문 6. 외적인 매력이나 아름다움이 결혼생활에 있어서 일차적인 것은 아니다. 사실 잠언서 여러 곳에서도 아버지는 자신의 아들에게 '아첨' 과 '외적인 아름다움' 의 '거짓된 속성' 에 대하여 경고해주기도 한다. 이런 것들은 피상적인 특성들로서, 사악한 인격을 위장하는 가면이 될 수도 있기 때문이다.

잠언 11:22은 이렇게 말씀한다. "아름다운 여자가 분별력이 없으면, 돼지 코에 금고리와 같다." 하지만 남자들은 흔히 매력적인 '금고리' 뒤에 있는 '돼지' 를 인식하지 못한다. 외적인 아름다움이나 매력에 기초를 둔 관계는 오래 지속되기가 어렵다. 왜냐하면, 그러한 특성들은 시간이 지남에 따라 퇴색되어버리기 때문이다. 하지만 또 그렇다고 해서, 외적인 아름다움이 완전히 무시되어질 수 있는 요소도 아니다. 아가서만을 읽어보아도, 그런 성급한 결론을 내리기가 어려워진다. 그러나 여전히, 외적인 미의 중요성이 부차적인 것이라는 사실에는 의심의 여지가 없다.

질문 7. 남편들로 하여금 각자의 생각을 말해보도록 하라.

질문 8. '현숙한 여인' 에 대한 묘사를 읽고 난 후, 많은 사람들이 누가 그런 아내감을 찾을 수 있겠느냐고 결론을 내릴 것이다. 왜냐하면, 그 정도로 '초인적인' 여성은 존재하지 않기 때문이다. 따라서 우리는 그러한 묘사가 불완전한 인간으로서는 도저히 다 만족시킬 수 없는 다소 이상적인 형태의 아내상임을 인정할 수밖에는 없다. 그러나 그런 여성이 있다면 잠언 19:14이 질문에 대한 대답이 될 것이다. "집과 재물은 조상에게서 상속하거니와 슬기로운 아내는 여호와께로서 말미암느니라."

보너스 질문. 누가복음 11장의 말씀에 나오는 '한 여자' 는 아이를 낳고 기르는 여성의 역할에 대하여 감상적인 진술을 하고 있다. 그녀의 주장인즉, 여성은 사람들로부터 감탄을 받을만한 아들을 낳아 기르는 것이 여성이 여성으로서의 가치를 갖게 되는 일이라는 것이었다. 하지만 예수님께서는 여성들에게까지 그 다른 무엇보다도 그분 자신의 제자가 될 것을 말씀하고 계신다(잠 31:30을 참조하라). 물론 지금 예수님께서 자녀를 낳고 기르는 일의 가치를 깎아내리고 계신 것은 아니다. 그 당시는 오직 남자들만이 랍비의 '제자감' 으로 여겨지던 때였으며, 아들을 낳지 못하는 여자들은 무시를 당하던 시대였다. 따라서 우리는 예수님의 이 간명한 말씀 한 마디 속에서, 그분께서 얼마나 여성들을 존중하고 계시며, 또 그들의 삶의 지평을 열어주시고 계신지를 보게 된다.

다행스럽게도, 오늘 날의 많은 문화권 속에서 대부분의 여성들이 자신들의 가치를 증명하기 위하여 아들을 생산해야만 하는 사회적인 압력으로부터 해방되고 있다. 그러나 또 불행히도, 서구 문화권들은 '자녀양육' 의 문제를 평가절하하거나 혹은 그것을 우상시하는 행태들이 뒤섞인 이상한 혼합문화 속으로 빠져들고 있는 경향이 있다. 일반적으로 교회들은 여성들의 '어머니됨' 을 격려하고 있는 실정이지만, 이것 또한 미혼 여성이나 불임 여성들에게는 자신들이 뭔가 결함이 있는 여성들처럼 느끼게 하는 여지를 남겨두게 된다.

교회의 여성사역들이 효과를 보기 위해서는 '모든 종류' 의 여성들이 공동 사역자로

구성된 팀에 의해서 이루어질 필요가 있다. '독신 여성', '기혼 여성', '직장 여성', '전업주부 여성' 등으로 말이다. 그리고 사역의 목표 또한 여성의 역할이나 정체성들 중 '자녀양육' 등과 같은 어느 한 가지 것에만 집중하는 일을 피하고, "하나님의 말씀을 듣고 지키는 여성"이 되는 일에(눅 11:28) 초점을 맞추는 것이 되어야만 할 것이다.

5

경건한 남편

THE GODLY HUSBAND

"제 남편은요 잘생겼고요, 돈도 아주 잘 벌어요. 정말 일등 신랑감이에요."

"남편은 회사에서도 크게 인정받고 있어요. 그리고 컨트리클럽 회원이기도 하죠."

"가끔씩 저는 무엇이 중요한 것인지 잘 모르겠어요. 세상이 중요하다고 말하는 모든 것들을 다 가지고 있지만, 여전히 제 자신이 작고 무의미한 존재처럼 느껴지거든요."

▶ 여는 말

'좋은 남편' 이 된다는 것은 무슨 의미일까? 현대사회에서 그 의미는 흔히 복합적이다. 남편은 제반 가정사를 결정해야 하고, 돈을 벌어야 하고, 또 살림을 꾸려나가기도 해야 하는 존재이다. 남편으로서의 중요한 자질들은 무엇일까? '지도력' 인가? '능력' 인가? '지성' 인가? 남자로서의 본연의 목표는 무엇일까? '돈을 많이 버는 것' 인가? '훌륭한 가문을 세우는 것' 인가? 아니면, '명예' 인가? '권력' 인가?

▶ 본격 탐구

흥미롭게도, 시편 112편은 앞 장(章)에서 살펴본 잠언 31장과 그 문장 양식이 비슷하다. 아마도 의도적으로 그리 한 것처럼 보인다. 시편 112편은 '경건한 남편' 에 관한 '두자체시(頭字體詩)' 이다. 하지만 NLT(New Living Translation)성경을 비롯한 몇몇 성경

번역본들은 이 시편의 한 가지 중요한 점을 부각시키지 못했다. 그것은 이 시편에 묘사되고 있는 주인공을 총칭적으로 명명하고 있다는 것이다. 그러나 시편 112편은 특별히, '경건한 사람들(godly people)' 에 관한 내용이 아니라 '경건한 남자(the godly man)' 에 관한 말씀이다. 따라서 이 장(章)을 공부함에 있어서 기억해야 할 전제는 시편 112편은 특히 남자들을 향하여 쓰여진 말씀으로 읽어야 한다는 사실이다.

성경 읽기 〈시편 112〉

1 할렐루야, 여호와를 경외하며 그의 계명을 크게 즐거워하는 자는 복이 있도다
2 그의 후손이 땅에서 강성함이여 정직한 자들의 후손에게 복이 있으리로다
3 부와 재물이 그의 집에 있음이여 그의 공의가 영구히 서 있으리로다
4 정직한 자들에게는 흑암 중에 빛이 일어나나니 그는 자비롭고 긍휼이 많으며 의로운 이로다
5 은혜를 베풀며 꾸어 주는 자는 잘 되나니 그 일을 정의로 행하리로다
6 그는 영원히 흔들리지 아니함이여 의인은 영원히 기억되리로다
7 그는 흉한 소문을 두려워하지 아니함이여 여호와를 의뢰하고 그의 마음을 굳게 정하였도다
8 그의 마음이 견고하여 두려워하지 아니할 것이라 그의 대적들이 받는 보응을 마침내 보리로다
9 그가 재물을 흩어 빈궁한 자들에게 주었으니 그의 의가 영구히 있고 그의 뿔이 영광 중에 들리리로다
10 악인은 이를 보고 한탄하여 이를 갈면서 소멸되리니 악인들의 욕망은 사라지리로다

1. 시편 112편에 의하면, '경건한 남편' 의 가장 중요한 특성은 무엇인가?

2. 앞 장(章)에서 보았던 잠언 31장을 기억해보라. '경건한 남편' 과 '경건한 아내' 가 공통적으로 보여주고 있는 특징들은 무엇인가?

3. 남성들만 대답해보도록 하라. 시편 112편은 당신이 가지고 있는 '경건한 남편상' 과 일치하는가? 설명해보라.

위 시편의 말씀 중 어떤 부분이 부담스럽게 느껴지는가?

또 어떤 점이 해방감을 느끼게 해주는가?

4. 남편의 경건함은 아내에게 어떤 영향을 미치는가?

5. 어떤 특성들이 위 시편의 '경건한 남편' 에 관한 묘사에서 빠져있다고 생각하는가?

그런 특성들이 언급되어있지 않은 특별한 이유가 있을 것 같은가? 설명해보라.

6. 시편 112편의 관점에서 111편도 읽어보라. 이 두 시편 사이에는 서로 유사한 말씀들이 여러 곳 등장한다. 시편 111편 또한 '두자체시(頭字體詩)' 이다. 그리고 111편에 나와 있는 '하나님' 에 대한 묘사가 112편의 '경건한 남자' 에게 그대로 적용이 되고 있다. 이것을 어떻게 이해해야 하는가?

7. 만약 '경건한 남편' 이 하나님의 속성을 반영하는 것이라면, '경건한 남편' 이 되기 위해서 무엇을 해야만 하는가?

▶ 부부 코너

남편들은 남자와 남편으로서의 당신의 잠재능력을 발휘하는 일을 가로막는 장애요소들에 대하여 아내와 이야기해보라. 아내들은 남편이 다음과 같은 영역에서 자신의 잠재가능성을 발휘할 수 있도록 당신이 돕는 일을 방해하는 요소들이 무엇인지에 대해 이야기해보라.

- 친절함
- 용기
- 지적(知的) 활동
- 건강
- 휴식
- 우정
- 직업
- 모험

▶ 보너스

기독교 작가 존 엘드리지(John Elderidge)의 베스트셀러인 와일드 하트(Wild at Herat)는 남자가 된다는 것의 의미를 작가 나름대로 성경적으로 풀어놓은 책이다. 가능하다면, 이 책을 긍정적인 비판의 마음으로 한번 읽어보라. 그리고 어떤 점에서 그것이 '성경적인 남성관' 을 반영하고 있는지, 또는 너무 과장되었거나 잘못된 점은 무엇인지에 대하여 토론해보라.

본격 탐구 노트

Study 1. 경건한 남편 <시편 112>

목적: 경건한 남편의 특성들을 살펴보고자 함.

질문 1. 시편 112편은 하나님을 경외하는 '경건한 남자' 에 관한 묘사로 시작된다. '경건한 여성' 에게서처럼, 하나님을 경외하는 것은 '경건한 남성' 의 기본적인 특성이며, 아마도 여성이 자신의 남편에 대해서 소망해야 할 가장 중요한 조건이 되어야만 할 것이다.

질문 2. '경건한 남편' 이나 '경건한 아내' 는 공통적으로, 하나님을 경외하는 일에 절대적인 가치를 두는 사람들이다. 남편과 아내가 그들의 삶의 우선순위를 올바로 세우고 있다면, 그들의 부부관계 또한 더욱 친밀해지게 된다. 더 나아가, '경건한 부부' 는 도움을 필요로 하는 어려운 이웃들에게 친절하고 자비롭다(9절). 그리고 그들은 하나님을 신뢰하는 까닭에 미래를 두려워하지 않는다(7절). 또한 '경건한 부부' 의 자녀들은 그들의 부모로 인해 복을 얻게 된다(2절).

질문 3. 남성 반원들의 생각을 들어보도록 하라.

질문 4. 무엇보다도, 하나님만을 두려워하는 '경건한 남편' 은 자신의 아내에게 '안정감' 을 선사해줄 수 있다. 남편이 만약 일이나 인간관계나 혹은 인생 자체를 두려워하는 남자인 경우, 그 아내는 불안감에 떨 수밖에는 없다. 물론 그 반대의 경우도 마찬가지겠지만 말이다. 또한 하나님을 경외하는 남편은 그분의 명령들에 순종하는 사람이다. 따라서 그런 남자의 아내는 자신의 남편이 아내인 자신에게도 충실할 것을 확신할 수가 있다.

질문 5. 시편 112편은 '잘생긴 외모' 나 '육체상의 남성다움' 과 같은 남자로서의 매력들에 대해서는 전혀 다루고 있지 않다. 하지만 그렇다고 그런 특성들이 완전히 무가치하다는 뜻은 아니다. 아가서 성경 같은 경우에는 남자와 여자의 육체적인 매력 또한 노래하고 있기 때문이다.

그러나 시편이 그러한 외적인 남성적 특성들을 언급하지 않고 있는 이유는 우리에게 '우선순위' 가 무엇인지를 가르쳐주기 위함이다. 이런 침묵을 통해, 시편 112편은 잠언 31:30과 동일한 교훈을 던져주고 있는 것이다. "매력도 거짓된 것이고, 아름다움도 잠시 잠깐이다. 그러나 하나님을 경외하는 여인은 크게 높임을 받을 것이다!"

질문 6. '경건한 남자' 는 그를 만드신 '창조주' 의 많은 속성들을 반영하도록 되어있다. 하나님은 의로우신 분이시다. 따라서 경건한 사람 또한 의로운 자이다. 시편 111:3(그분의 의가 영원히 있도다.)과 112:4(그는…… 의로운 자로다.)를 비교해보라. 하나님과 그는 은혜롭고 자비롭다. 111:4(여호와는 은혜로우시고 자비하시도다.)과 112:4(그는 어질고 자비하고…….)에 각각 동일한 히브리어 단어들이 사용되었을 정도이다. 하나님은 공의로우시며 선하시다. 그 또한 그러하다. 111:7(그분 손의 행사는 진실과 공의며…….)과 112:5(그의 일을 공의로 하리로다.)을 대조해보라.

질문 7. 우리가 하나님을 더 많이 알면 알수록, 우리는 그분의 속성들을 더 많이 드러낼 수 있게 된다. 그럼 어떻게 그분을 더 많이 알아갈 수 있는가? 그분의 '말씀' 을 주야로 묵상하는 일과 그분과의 교제인 '기도' 를 통해서이다. 특별히 복음서(마태, 마가, 누가, 요한복음)를 깊이 묵상할 필요가 있다. 복음서 속에서 우리는 우리와 같은 사람이 되셔서 이 땅에 오신 하나님이 어떻게 생각하시고 어떻게 행동하셨는지를 배울 수 있게 되기 때문이다.

6

하나님의 영광을 함께 드러내라

REFLECTING THE GLORY OF GOD TOGETHER

"어떤 종교들은 남자가 여자보다 더 많이 신의 속성을 닮았다고 가르치기도 하지요. 그들은 심지어 경건한 여성들이 천국에 가게 되면, 남성들로 변하게 될 것이라고까지 말하기도 해요. 기독교인들은 무엇을 믿는 건가요?"

"성경은 너무 남성 중심적인 것 같아요. 심지어 하나님까지도 남성처럼 묘사하고 있잖아요. 안 그래요?"

▶ 여는 말

많은 사람들이 이렇게 생각한다. 하나님이 어떤 분이신지에 대하여 성경이 너무 '남성 중심적인 하나님상'을 제시하고 있다고 말이다. 어떤가? 그들의 생각이 옳은 생각인가? 하나님은 '남성'이신가, '여성'이신가? 아니면, 아예 성별 구분이 없으신 분이신가? 또 하나님의 성별에 관한 성경의 묘사들은 우리의 부부관계에 대하여 무엇을 가르쳐주고 있는가?

▶ 본격 탐구

하나님은 우리의 생각의 한계를 뛰어넘어 계신 분이시다. 시편 기자는 이렇게 외친다. "여호와와 같은 자 누구리요?"(시35:10) 성경은 하나님의 속성들을 충분하게 밝혀주곤

있지만, 남김없이 다 그리하고 있는 것은 아니다. 그리고 성경은 흔히 '비유법' 이나 '직유법' 과 같은 비교법을 사용하여 하나님을 묘사하고 있다.

하나님은 '빛' 이나 '바위' 와 같은 무생물체나, 혹은 '곰' 이나 '사자' 와 같은 동물에 비유되시기도 하지만, 성경 기자들이 가장 많이 애용하고 있는 비유 대상은 역시 '인간' 이다. 하나님은 '왕' 으로, '용사' 로, 때론 '목자' 로, '어머니' 로, '아버지' 로 묘사되어지신다. '인간' 이야말로 하나님의 속성에 대하여 가장 잘 가르쳐줄 수 있는 적절한 '수단' 이 되기 때문이다. 그리고 그 이유는 우리 '인간' 이 그분의 형상을 따라 창조되어진 까닭이다. '인간' 은 그분의 영광을 담고 있는 존재인 것이다.

성경 읽기 1. 〈수 5:13-15〉

13 여호수아가 여리고에 가까이 이르렀을 때에 눈을 들어 본즉 한 사람이 칼을 빼어 손에 들고 마주 서 있는지라 여호수아가 나아가서 그에게 묻되 너는 우리를 위하느냐 우리의 적들을 위하느냐 하니

14 그가 이르되 아니라 나는 여호와의 군대 대장으로 지금 왔느니라 하는지라 여호수아가 얼굴을 땅에 대고 엎드려 절하고 그에게 이르되 내 주여 종에게 무슨 말씀을 하려 하시나이까

15 여호와의 군대 대장이 여호수아에게 이르되 네 발에서 신을 벗으라 네가 선 곳은 거룩하니라 하니 여호수아가 그대로 행하니라

성경 읽기 2. 〈시편 131〉

1 여호와여 내 마음이 교만하지 아니하고 내 눈이 오만하지 아니하오며 내가 큰 일과 감당하지 못할 놀라운 일을 하려고 힘쓰지 아니하나이다

2 실로 내가 내 영혼으로 고요하고 평온하게 하기를 젖 뗀 아이가 그의 어머니 품에 있음 같게 하였나니 내 영혼이 젖 뗀 아이와 같도다

3 이스라엘아 지금부터 영원까지 여호와를 바랄지어다

1. 여호수아 5장에서, 손에 칼을 빼어 들고 서 있던 남자는 누구였는가?

어떻게 그것을 알 수 있는가?

2. 이런 이미지가 당신이 마음에 품고 있었던 '하나님상' 과 일치하는가? 왜인가 혹은 왜 아닌가?

3. 우리는 여호수아 5장으로부터 하나님의 속성에 대하여 무엇을 배우게 되는가?

4. 여호수아 5장은 하나님의 성별에 대해 무언가를 말해주고 있는가?

그것은 또 남자의 특성에 대하여서도 무언가를 말해주는가?

5. 시편 131:2이 보여주고 있는 이미지는 어떤 것인가?

6. 왜 시편 기자는 굳이 자기 자신을 '젖 뗀 아이' 로 비유하고 있는가?

'성별' : '창조주'의 속성이 아닌 '피조물'의 속성

창세기 1:26-27은 하나님께서 인간을, 즉, '남자'와 '여자'를 창조하셨음을 말씀해주고 있다. "하나님이 이르시되, 우리의 형상을 따라 우리의 모양대로 우리가 사람을 만들고 그들로 바다의 물고기와 하늘의 새와 가축과 온 땅과 땅에 기는 모든 것을 다스리게 하자 하시고, 하나님이 자기 형상 곧 하나님의 형상대로 사람을 창조하시되, 남자와 여자를 창조하시고."
여기에서 우리는 남녀의 '성별'이라는 것이 '피조물의 속성'일 뿐, '창조주의 속성'은 아님을 보게 된다. 남자와 여자는 모두 하나님의 형상을 따라 창조되어졌다. 그리고 그들 각각은 고유한 방식으로 하나님의 참되신 속성을 함께 드러내도록 되어있다.

7. 위 131:2의 그림이 하나님의 성별에 관해 무언가를 말해주는가? 설명해보라.

또 이 그림이 여성의 속성에 대해서 무언가를 말해주고 있는가?

8. 성경은 '남성'과 '여성' 모두에 빗대어 하나님을 설명하고 있다. 하나님께서 남성적인 속성과 여성적인 속성 모두를 다 가지고 계신다는 사실이 당신의 부부관계에 어떤 의미로 다가오는가?

▶ 부부 코너

당신은 당신의 배우자 속에서 하나님의 어떤 속성을 보게 되는가? 시간을 내어 그러한 속성들에 대하여 서로 이야기를 나눠보라. 그리고 특별히 어느 때 그러한 속성들이 뚜렷하게 나타났었는지에 대해서도 말해보라.

▶ 보너스

요한계시록 19:6-8을 읽어보라.

"또 내가 들으니 허다한 무리의 음성과도 같고 많은 물소리와도 같고 큰 우렛소리와도 같은 소리로 이르되 할렐루야 주 우리 하나님 곧 전능하신 이가 통치하시도다 우리가 즐거워하고 크게 기뻐하며 그에게 영광을 돌리세 어린 양의 혼인 기약이 이르렀고 그의 아내가 자신을 준비하였으므로 그에게 빛나고 깨끗한 세마포 옷을 입도록 허락하셨으니 이 세마포 옷은 성도들의 옳은 행실이로다 하더라." (계 19:6-8)

하나님과 그분의 백성들과의 관계가 '부부관계'로 비유되어질 때, 왜 하나님은 항상 '남편'으로 묘사되어지신다고 생각하는가?

이것은 하나님께서 '여성'보다는 '남성' 쪽에 더 가까우신 분이시라는 의미인가? 설명해보라.

하나님과 우리의 관계에 대한 이러한 이미지가 '결혼'에 대해 무엇을 가르쳐주고 있는가?

본격 탐구 노트

Study 6. 하나님의 영광을 함께 드러내라
<수 5:13-15> <시편 131>

목적: 남성과 여성 모두 하나님의 형상대로 지음 받았다는 사실과 따라서 그 둘 모두가

하나님의 영광을 드러내는 존재라는 사실을 재인식하기 위함.

질문 1. 칼을 빼어 들고 서 있던 그 남자는 하늘 군대의 총사령관인 하나님 그분 자신(예수 그리스도)이셨다. 이것은 여호수아가 자신의 신발을 그 남자 앞에서 벗어야만 했다는 사실을 통해서도 분명해진다. 이러한 모습은 모세가 호렙산의 불붙은 떨기나무 가운데 나타나신 하나님 앞에서 신발을 벗어야만 했던 사건을 상기시켜준다. 더욱이, 여호수아는 땅에 납작 엎드려 그 남자에게 절을 하고 있다. 이러한 경배 행위는 그 남자가 오직 하나님이실 때만이 가능한 경외의 태도이다.

질문 2. 하나님을 다소 '여성적이고', 시편 131:2과 같이 '어머니 같은' 분으로 생각하고 있는 사람들에게, '군대 장관' 과 같으신 하나님의 이미지는 조금 혼란스러울 수도 있을 것이다. 그러나 그렇지 않은 다른 사람들에 있어서는 전혀 문제가 되지 않는다. 이 장(章)의 한 가지 목적은 사람들에게 하나님에 대한 우리의 관점이 흔히 너무 제한적이라는 사실을 상기시켜주는 것이기도 하다.

질문 3. 여호수아서 5장을 통해, 우리는 하나님께서 당신의 백성들을 위하여 그들의 대적들과 싸우시는 '용사' 와 같은 분이심을 배우게 된다. 그러나 정확하게 말하자면, 그분은 '우리의 편' 도, '원수의 편' 도 아니시다(우리의 싸움에 참가하여 도움 정도를 주시는 '조력자' 내지 '종속자' 가 아니시라, 우리의 싸움을 주도하시고 지휘하시는 '사령관' 이시자 '주체자' 이시라는 뜻). 하나님은 '그분 자신의 영광' 을 위하여서 싸우시는 분이시다. 따라서 우리가 우리의 영광이 아닌 하나님의 영광을 위하여 싸우게 될 때, 우리 모두는 단순히 '친구' 라기보다는 '하나님을 위한 전우' 가 되는 것이다.

질문 4. 하나님은 '남성' 이 아니시다. 그러나 위 이야기는 하나님께서 '남자 용사' 로 비춰질 수 있는 충분한 이유를 제공해준다. 또한 위 말씀의 이미지는 '남성' 들은 '용사' 들이라는 사실을 말해주고 있기도 한다. 남자들은 그들 주변의 혼돈과 어둠의 세력들에 대항하여 싸우는 용맹한 '용사' 이다.

그러나 구약시대의 전쟁이 흔히 '물리적인' 형태의 것이었던 반면에, 신약시대를 살고 있는 오늘날의 그리스도인들에게 있어서의 전쟁이란 완전히 '영적인' 것이다(엡 6:10-18, "우리의 씨름은 혈과 육에 대한 것이 아니요…… 이 어두움의 세상 주관자들과 하늘에 있는 악의 영들에게 대함이라…….”). 따라서 현대 남성들은 ‘영적인 용사’ 들로서 부름을 받고 있는 것이다.

질문 5. 그 이미지는 미묘하고도 복잡하지만 분명하다. 시편 기자는 지금 하나님을 신뢰함으로부터 나오는 만족감을 표현하고 있는 것이다. 그는 젖 뗀 어린 아이가 따뜻한 엄마의 품에서 편안함을 느끼고 있듯이, 자신이 하나님의 품 안에서 완벽한 평강을 누리고 있음을 말하고 있다.

질문 6. 젖을 떼지 못한 아이는 엄마의 품속에서도 쉽게 불안해한다. 결국 엄마란 그 아이에게는 ‘식량의 공급원’ 이기 때문에, 젖을 주지 않을 경우에는, 엄마가 자신을 안고 있을 때조차도 극도로 조바심을 낸다. 그러나 젖 뗀 아이는 엄마의 품속에서 훨씬 더 안정감을 느낀다. 이것이 바로 시편 기자가 자신을 ‘젖 뗀 아이’ 로 비유한 이유이다.

질문 7. 하나님은 ‘여성’ 이 아니시다. 그러나 위 시편은 하나님께서 ‘어머니’ 로 비춰질 수 있는 충분한 이유를 제공하고 있다. 또한 이 시편의 그림은 ‘여성’ 들이 ‘관계 중심적’ 이고, ‘자상하다’ 는 특성을 지닌 존재임을 말해준다. 그들은 자신들의 자녀를 ‘보호’ 하고 ‘양육’ 한다. 그들은 ‘위로’ 와 ‘자비’ 를 베푼다.

질문 8. 그것은 우리에게 결혼이란 동등한 두 인간의 결합이라는 사실을 상기하게 해준다. 또한 남편과 아내 모두 하나님의 형상을 품고 있는 존재들이며, 각자가 서로에게 하나님의 영광을 반영하고 있다는 사실을 기억나게 해준다. 그리고 이러한 사실은 남편과 아내 속에 서로를 향한 사랑과 존경심을 불어넣어 준다.

보너스 질문. 에베소서 5:23이 밝히고 있듯이, 남편은 아내의 ‘머리’ 이다. 그리고 우리의 ‘머리’ 되신 하나님께서 우리와의 관계에서 ‘남편’ 으로 비유되는 것은 타당한 일이다. 우리는 앞에서 이미 살펴보았다. ‘머리됨’ 이란 상대를 위해 희생하는 첫 번째 사람이요, 상대방의 행복을 위해 기꺼이 복종하는 첫 번째 사람이란 뜻이라는 것을 말이다. 그러나 하나님이 우리의 ‘남편’ 이시라는 비유는 남성이 여성보다 하나님의 영광스런 모습에 좀 더 가까운 존재라는 의미는 아니다.

요한계시록 19장과 그 밖의 다른 많은 말씀들 속에서 하나님과 우리와의 관계를 묘사하기 위해 ‘부부’ 라는 이미지가 사용되고 있다는 사실은 ‘부부관계’ 가 얼마나 ‘중요’ 하고도, '친밀한' 것이며, '배타적인 사랑의 관계' 가 되어야 하는 것인지를 분명하게 보여주고 있는 한 증거이다.

지도자를 위한 메모

"내 은혜가 네게 족하도다" (고후 12:9)

성경공부를 인도하는 일은 가슴 설레고 유익한 경험이 될 것이다. 그러나 그것은 동시에 두려운 일이 될 수도 있다. 특히 이번이 처음이라면 말이다. 하지만 이것이 혹 당신이 느끼는 감정이라 할지라도 크게 걱정할 일은 아니다. 왜냐하면 성경의 많은 위대한 인물들도 같은 마음이었기 때문이다. 잘 아는 대로, 하나님께서 모세에게 이스라엘 백성들을 출애굽시키라는 사명을 주셨을 때, 모세는 이렇게 대답했었다. "주여, 보낼만한 자를 보내소서"(출 4:13). 그 이외에도 솔로몬, 예레미야, 디모데 등등 많은 성경의 위인들이 그러하였다. 그러나 하나님은 그들의 연약함에도 불구하고, 그들을 도우시고 그들을 사용하셨다. 그분은 당신도 도우실 것이다.

당신이 반드시 성경 전문가나 성경공부를 이끌만한 훈련된 교사일 필요는 없다. 이 교재는 기본적으로 지도자가 성경공부 반원들이 성경이 말씀하고 있는 바를 스스로 알아가도록 이끌 수 있게 구성되어져있다. 이러한 탐구 방식은 성경공부 참가자들이 강의를 일방적으로 듣는 것보다 훨씬 더 많은 내용을 이해하고 기억할 수 있도록 도움을 줄 것이다.

이 교재의 각 장(章)들은 성경공부를 이끌어가기 쉽도록 설계되었다. 사실, 읽고 해석하고 적용하는 단계에 이르기까지, 성경 본문과 관련된 일련의 질문들이 너무 자연스러워서 교재 스스로가 성경공부를 이끌어간다는 느낌을 받게 될 것이다. 또한 이 교재는 얼마든지 융통성 있게 사용할 수 있다. 학생 그룹이나 전문직 종사자 그룹, 이웃사람 그룹, 또는 교회 소그룹 등, 다양한 모임들에서 활용할 수 있다. 교재의 각 장(章)들은 그룹 모임의 경우, 대략 45분에서 1시간 정도의 시간이 소요될 것이다.

성경공부 모임의 역동성과 활발한 토의를 위해 알고 있어야 할 몇 가지 중요한 사실들이 있다. 아래에 제시되어있는 조언들은 당신이 지도자로서의 역할을 효과적으로 그리고 행복하게 수행해나갈 수 있도록 도와줄 것이다.

성경공부를 위한 준비작업

1. 무엇보다도 하나님께 도움을 구하라. 당신이 주어진 말씀들을 정확하게 이해하고, 당신 자신이 먼저 그 말씀들을 당신의 삶에 적용할 수 있도록 말이다. 이 일이 선행되지 않는 한, 당신은 아직 지도자로서 다른 사람을 이끌 준비가 되지 않은 것이다. 하나님께서 당신의 마음을 열어 그분의 말씀의 의미를 올바로 깨닫고, 말씀대로 실천할 수 있도록 도와주시기를 요청하라. 또한 모임에 참여하는 다양한 배경의 반원들을 위해서도 기도하라.

2. 이 책의 대략적인 개관과 탐구하게 될 문제들에 대한 전체적인 윤곽을 파악하기 위해서 교재 맨 앞부분의 "여정을 시작하면서" 부분을 읽어보라.

3. 교재의 매 장(章)을 공부할 때마다 각 장마다 제시되어진 성경 본문을 미리 여러 번 읽고 묵상하라. 그 말씀에 익숙해지도록 하라.

4. 이 교재에 나오는 성경 본문들은 거의 대부분의 경우, 개역개정과 개역한글 그리고 표준새번역 성경에 기초를 두고 있다. 더 깊은 탐구와 토의를 위해 또 다른 다양한 성경 번역본들을 추가적으로 참고해보는 것도 도움이 될 것이다.

5. 각 장의 모든 질문들에 충실하게 답변하라. 그리고 답하기 전에 시간을 들여 그 질문들에 대해 깊이 생각하고 묵상해보라.

6. 질문들 아래에 마련되어 있는 빈 공간에 당신의 생각과 의견들을 적어보라. 당신이 얼

마만큼 말씀을 이해하고 있는지 그 정도를 명확하게 볼 수 있도록 해줄 것이다.

7. 성경사전을 한 권 곁에 두는 것도 도움이 될 것이다. 익숙하지 않은 용어나 낯선 인명이나 지명 등을 찾아볼 수 있도록 말이다.

8. 본문의 말씀들을 먼저 당신의 삶에 어떻게 구체적으로 적용할 수 있는지에 대해 고민해보라. 왜냐하면, 성경공부 참가자들은 지도자인 당신의 인도를 따를 것이며, 지도자인 당신보다 더 깊은 깨달음의 자리에 들어가기가 쉽지 않을 것이기 때문이다.

9. 일단, 공부하게 될 성경 본문을 당신 스스로 연구하고 묵상하는 일을 마쳤다면, 교재의 각 장(章) 뒷부분에 나와 있는 "본격 탐구 노트"를 읽고 그 내용을 숙지하라. 이것은 여러 가지 면에서 당신에게 도움이 될 것이다.

   첫 번째로, "본격 탐구 노트"는 저자가 각 장을 쓸 때에 마음에 품고 있었던 목적에 대해서 알려줄 것이다. 따라서 각 장의 질문들이 어떻게 그 목적을 이루어가게 되는지를 시간을 들여 숙고해볼 수 있다.

   두 번째로, "본격 탐구 노트"는 다양한 질문들에 대한 배경 정보와 조언들을 제공해줌으로써 성경공부모임이 좀 더 활기차게 진행되는 일을 가능하게 해줄 것이다. 질문들에 대한 배경 정보는 반원들이 질문에 답하는 일이나 질문 자체를 이해하는 일이 어려울 때, 유용하게 활용될 수 있을 것이다.

   세 번째로, "본격 탐구 노트"는 성경공부를 하는 동안 당신이 부딪힐지도 모르는 돌발 가능한 문제들에 대해서도 사전에 준비할 수 있도록 도움을 줄 것이다.

10. "지도자를 위한 메모"나 "본격 탐구 노트"에서 언급한 내용들 중 특별히 기억하고 있어야 할 사항들이 있다면, 각 장의 질문들 아래나 옆 여백에 당신만을 위한 메모를 해두는 것도 좋을 것이다.

성경공부인도하기

1. 정한 시간에 늦지 않게 시작하라. 하나님께서 모든 반원들이 말씀을 제대로 이해하고 올바로 적용할 수 있도록 도와주시기를 요청하는 기도로 시작하라.

2. 모든 반원들이 자신들의 교재를 각자 가지고 있는지를 확인하라. 그리고 함께 모여 공부하기 이전에, 집에서 각 장(章)의 질문들에 대해서 미리 생각해오도록 격려하라.

3. 모임의 첫 시간에, 이 교재가 '강의용' 이 아니라 '토의용' 임을 주지시키라. 반원들이 적극적으로 토의에 참여할 수 있도록 독려하라. 그러나 처음 며칠이나 몇 주 동안은 혹 말하기를 꺼려하는 반원이 있더라도 발표를 강요하지는 마라. 그리고 아래의 지침들을 반원들에게 전달하라.

   - "현재 토의되고 있는 주제에 집중하십시오."
   - "여러분의 답변은 우리 토의의 중심점인 성경 본문에 기초를 두어야 합니다. 다른 해설들이나 다른 발표자들과 같은 성경 이외의 권위에 기초를 두어서는 안됩니다."
   - "이 곳에서 토의된 모든 내용들은 본인으로부터 허락을 받은 특별한 경우가 아닌 이상, 절대로 모임 밖에서 회자되는 일이 없도록 비밀에 부쳐져야 합니다."
   - "다른 사람의 의견을 경청하고, 모든 반원들이 자신의 생각을 말할 수 있는 기회를 갖도록 서로 배려해주어야 합니다."
   - "서로를 위해 기도해주십시오."

4. 성경 본문을 읽기 전에 "여는 말" 의 질문이 먼저 제시되어져야 한다. 왜냐하면, 그것들은 각 장의 주제들을 소개하는 역할을 담당하고 있으며, 성경공부 참가자들로 하여금 마음을 열게 하는 촉매제가 되기 때문이다. 가능한 한 더 많은 반원들이 토의에 적극적으로 참여할 수 있도록 격려하며, 그들 자신의 답변들로 토의가 시작되어 나가도록 분위기를 조성하라.

   "여는 말" 은 당신이나 반원들의 생각과 느낌들 중 어떤 부분이 성경적으로 변화되어져야할 필요가 있는 지를 드러내 보여주도록 설계되어졌다. 따라서 "여는 말" 의 토의를 위한 질문이 주어지기 전에 성경 본문을 읽어서는 안 된다. 이것은 중요한 순서이다. 토의 질문에 대해 자유스럽게 말해보기 전에 성경 본문을 먼저 읽게 되면, 정답인 성경대로 말해야만 한다는 생각 때문에 반원들이 원래 가지고 있었던 자신들의 의견을 정직하게 내어놓을 수 없게 되기 때문이다.

5. 반원 중 한 명이나 혹은 여러 명이 대표로 성경 본문을 큰 소리로 읽게 하라. 그리고 모든 반원들이 그 말씀을 다시금 조용히 묵상할 수 있는 시간을 몇 분 정도 허락하라.

6. 각 장(章)의 "질문 1"들은 성경 본문 전체를 간략하게 숙고해볼 수 있도록 의도된 질문들이다. 반원들로 성경 본문 전체를 보도록 하되, 뒷부분에 이어 나오게 될 질문들이나 문제들로 인해 미리 마음이 분산되지 않도록 하라.

7. 교재의 질문들을 반원들에게 물어볼 때, 그 질문이 쓰여진 원래의 의도가 훼손되지 않도록 주의하라. 질문들을 있는 그대로 그냥 큰소리로 읽어주어도 좋다. 또는 그 질문들을 당신 자신의 말로 바꾸어 표현할 수도 있다.

   그리고 경우에 따라서는 교재상의 순서에서 벗어나 토의를 진행해야 하는 일이 발생할 때도 있을 수 있다. 예를 들면, 한 질문의 답이 토의 도중 이미 이야기되어 버렸거나, 또는 누군가 교재에 나와 있지 않은 어떤 중요한 질문을 제기하게 되는 때이다. 전자의 경우엔, 그 다음 질문으로 넘어가면 될 것이다. 그리고 후자의 경우라면, 시간을 내어 그 문제에 대해 함께 생각해보라. 하지만 본 주제에서 너무 벗어나지 않도록 주의하라.

8. 큰 직사각형 안의 부연 설명들은 성경 본문에 대한 좀 더 자세한 배경 정보들을 담고 있다. 그 정보들이 토의에 도움이 된다고 여겨진다면, 소리내어 그것들을 읽어보아도 좋다. 하지만 토의에 방해가 될 것 같은 경우라면, 반원들 각자가 속으로 읽어보게 해도 괜찮을 것이다.

9. 주어진 질문들에 당신이 먼저 답을 주는 일은 가급적 피하라. 필요하다면, 반원들이 해당 질문을 명확하게 이해할 수 있을 때까지 질문을 반복해서 읽어보도록 하거나 풀어 설명해주라. 또는 당신이 "본격 탐구 노트"에서 읽었던 내용들 중에서 그 질문의 문맥이나 의미를 분명히 해줄 수 있는 어떤 것을 이야기해주라. 진지한 반원들이라면 지도자인 당신의 의견을 크게 존중하고 잠잠히 수용할 것이다.

10. 반원들의 침묵을 두려워하지 마라. 그들도 자신들의 답변을 내놓기 전에 해당 질문에 대해 생각할 시간이 필요할 것이기 때문이다.

11. 한 사람의 대답에 만족하지 말라. "다른 분들은 어떻게 생각하시나요?" 또는 "다른 의견은 없으신가요?" 라고 물으라. 더 많은 반원들이 적극적으로 토의에 참여할 수 있도록 말이다.

12. 모든 답변들을 있는 그대로 인정해주라. 가능한 한 언제나 긍정적인 태도를 보이라. 절대로 반원의 답변에 대해 부정하지 말라. 만약 답변이 명백하게 질문의 의도에서 벗어난 것이라면, 이런 식으로 다시 물으라. "몇 절의 말씀에 근거하여 그런 결론을 내리게 되셨나요?" 또는 "다른 분들의 생각은 어떠신가요?"

13. 처음에는 반원들이 당신의 눈을 보며 자신들의 의견을 말하겠지만, 모든 반원들의 시선이 항상 당신에게만 집중되어져야 한다는 생각은 버리라. 반원들이 서로 친해지게 되면, 지도자만을 바라보는 대신 서로를 향해 자유스럽게 의사소통을 시도할 것이다. 따라서 너무 서운하게 생각하지 말라. 그것은 모임이 건강한 방향으로 나아가고 있다는 한 증거이기 때문이다.

14. 또한 논쟁을 두려워해서는 안 된다. 논쟁이 오히려 자극제가 될 수도 있기 때문이다. 어떤 문제를 완벽하게 해결하지 못했다 할지라도 실망하지 마라. 계속해서 토의를 진행해가라. 답을 얻지 못한 질문은 다음 기회로 미뤄두라. 지속적으로 공부해가는 중에 자연스럽게 문제가 풀릴 수도 있기 때문이다.

15. 반원들이 토의한 내용들을 규칙적으로 요약하여 기록해두라. 이것은 토의되어졌던 여러 다양한 의견들을 규합할 수 있는 좋은 방법이며, 성경공부에 일관성을 더해줄 수 있는 유익한 방책이다. 그러나 그 내용들에 대해 가르치려고 들지는 마라.

16. 매 성경공부가 끝날 즈음에는 부부들에게 "부부 코너"의 내용들에 대해 서로 토론해보고, 개인적인 적용을 해볼 수 있는 기회를 제공하라. 공부 모임에서 이런 시간을 갖는 것은 중요하다. 그렇지 않으면, 부부들이 그냥 지나쳐버릴 수도 있기 때문이다. 물

론 필요하다면, 부부들 스스로가 "부부 코너"의 주제들을 전체 공부 시간이 끝난 후에 따로 더 다룰 수도 있을 것이다. 하지만 그 시작을 모임 속에서 당신이 도울 수 있다는 것이다.

17. 반원들로 하여금 부부가 함께 혹은 각자 "보너스" 부분을 미리 예습해 올 수 있도록 독려하라. 그리고 모임 중에 자신들이 깨달은 바를 서로 이야기할 수 있도록 기회를 주라.

18. 제 시간에 마치도록 하라.

이 밖에도 커플 힐링 시리즈 지도자용을 참고하면, 부부 성경공부모임을 인도하는 법에 대한 더 많은 정보들과 도움말들을 얻을 수 있게 될 것이다.

소그룹 모임의 4요소

건강한 소그룹 모임이라면, 단순히 성경을 공부하는 것 그 이상의 일들이 행해져야 한다. 당신이 성경공부모임을 인도하기 위해 시간을 계획할 때 고려해야 할 4가지 요소가 있다.

첫째, '양육'이다. 소그룹 모임은 각각의 구성원들이 하나님을 아는 지식과 하나님을 사랑하는 일에 있어서 자라가도록 돕는 일을 감당해야 한다. 그리고 여기서 성경 탐구는 그 일을 가능하게 해주는 핵심요건이자 소그룹 모임의 토대가 된다.

둘째, '교제'이다. 소그룹 모임은 다른 그리스도인들과 깊은 형제애를 확인할 수 있는 소중한 공간이 된다. 따라서 매 성경공부 전후에는 자유롭고 따뜻한 교제를 나눌 수 있는 시간을 확보하는 일이 중요하다. 서로를 알아가는 데 도움이 될 만한 활동이나 게임 등을 계획해보는 것도 좋을 것이다. 예를 들면, 함께 소풍가기라든지, 저녁 식사 함께 요리하기라든지, 함께 운동하기 등과 같이 즐겁게 시간을 보낼 수 있는 것들로 말이다.

셋째, '경배와 기도'이다. 반원들이 한 마음으로 하나님께 찬양과 기도를 드리는 시간을 갖는 것은 성경공부의 효과를 배가시킬 것이다. 서로의 필요와 성장을 위해 기도하

라. 그리고 하나님께서 기도에 어떻게 응답하시는지 주목하여보라. 또한 배운 바를 실제 생활에 적용하며 살아갈 수 있도록 하나님의 도우심을 구하라.

넷째, '섬김' 이다. 다른 사람을 섬기는 일은 배운 것을 삶에 적용하는 실제적인 방법이다. 그리고 이것은 성경공부모임이 자기중심적이 되어가는 일을 방지해줄 것이다. 당신의 친구들이나 이웃들을 위한 일련의 전도 모임을 주최하는 것도 한 가지 좋은 방법이 될 것이다. 또 반원들이 함께 독거노인들의 집을 청소해드리는 일이나, 소년소녀 가장들에게 반찬을 제공해주는 일, 무료 급식소에서 자원봉사를 하는 일, 어려운 이웃들에게 집을 지어주는 봉사활동 등에 참여하는 일들도 마찬가지일 것이다.

이런 분야에 관한 더 많은 정보들과 도움말들을 원한다면, "소그룹을 위한 아이디어 뱅크(Small Group Idea Book)"나 "소그룹에 관한 큰 생각(The Big Book on Small Groups)" 이라는 책들을 참고하는 것도 좋을 것이다. 이런 유의 책들 중 하나를 통독해 두면, 소그룹 지도자로서의 역할을 감당하는 일에 있어서 여러 가지로 많은 유익을 얻을 수 있게 될 것이다.

남자와 여자

인쇄일 2014년 07월 18일
발행일 2014년 07월 25일

지은이 댄 알렌더, 트렘퍼 롱맨 3세
옮긴이 신겸사
펴낸이 장사경
편집디자인 박소린

펴낸곳 Grace Publisher(은혜출판사)

주소 서울특별시 종로구 종로 65길 12-10
전화 (02) 744-4029 팩스 744-6578

출판등록 제 1-618호(1988. 1. 7)

ISBN 978-89-7917-941-5 04230
ISBN 978-89-7917-934-7 04230 세트